KIM
Kim kocht neu

Sohyi Kim
Fotografien von Thomas Schauer

KIM

Kim kocht neu

Brandstätter

Mit einem Vorwort von Rainer Nowak

INHALT

KIM KOCHT, KIM MACHT, KIM LEBT

Rainer Nowak
im Gespräch mit
Sohyi Kim

Small is beautiful. 1995, als wir einander kennenlernten, hatte Kim einen kleinen Laden im 9. Wiener Gemeindebezirk. „Kim kocht", Sohyi Kims aktuelles Lokal, liegt unweit des ersten, gleich hinter der Wiener Volksoper, die einst die Kulisse für einen James Bond gab. Das kleine Restaurant bietet nur zwei Dutzend Gästen Platz, jedes Gericht wird von Kim selbst zubereitet. Für eine über die Grenzen bekannte Köchin ist dies in Österreich und international eine Seltenheit. In Sachen Design ist die moderne Inneneinrichtung weit und breit die größte Sehenswürdigkeit. Und dann ist da natürlich Kim selbst: Kim ist Wiens bekannteste Köchin – sowohl in dieser Stadt als auch in Deutschland und in Korea. Ihre eingeschworenen Fans buchen regelmäßig einen Tisch in dem edlen Kupfer-Lokal, immer häufiger kommen auch internationale Anhänger.

„Wo ist dein Lieblingsort: Busan, Paris oder Wien?"
„Das Meer."

Es war immer im Mittelpunkt. Wenn sie es nicht mindestens einmal im Jahr sieht, wird sie nervös. Denn dort ist sie auch aufgewachsen und es ist das, was ihr im kontinentalen Wien am meisten fehlt: die türkisblaue Farbe, das Meer.

Geboren wurde Kim in Koreas größter Hafenstadt Busan. Die tiefblauen, dunkelblauen Farben sind ihr in Erinnerung. „Ich bin mit den Fischen aufgewachsen", sagt sie lächelnd. Obwohl sie nicht schwimmen konnte. Das lernte sie erst als Jugendliche in Wien. Neben dem Meer ist auch der früh verstorbene Vater eine vage, aber intensiv-schöne Kindheitserinnerung. „Ich weiß noch, dass er mich auf den Arm genommen hat und mit mir auf dem Markt in Busan einkaufen gegangen ist", erzählt Kim heute. Nach dem Tod des Vaters lernte sie schnell, wie schwer es eine Alleinerzieherin hat – auch oder gerade in einem asiatischen Land.

„Warum bis du nach Wien gekommen?"
„Zufall! Eigentlich wollte ich nach Paris oder Mailand, aber es war vorerst nur Wien."

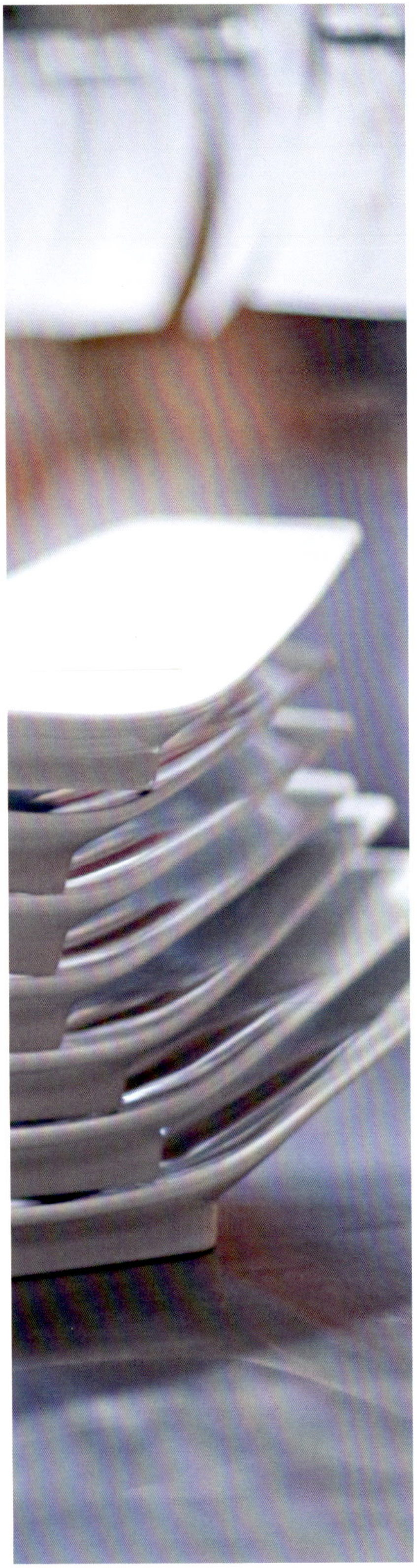

Sie kommt mit einer Passagiermaschine, es sind nur sieben Leute an Bord, in Wien schneit es heftig. „Ich habe keine Menschenseele auf der Straße gesehen." Kim fühlt sich am Ende der Welt. Im ersten Jahr lernt sie Deutsch, im zweiten Jahr bewirbt sie sich an der Hochschule für angewandte Kunst und wird abgelehnt. An der Modeschule bekommt sie – ohne österreichische Staatsbürgerschaft – einen Platz, absolviert die Schule. Sie wird Klassenbeste.

Zurück in Korea versucht sie es in einem Unternehmen, der Personalchef meint, in der Modebranche müsse sie locker sein. „Korea war nicht mehr so, wie es mir meine Mama immer eingeprägt hat." Kim kehrt zurück nach Österreich.

„Wie bist du von der Mode zum Kochen gekommen?"

„Die Modeszene, die Partys, das Ausgehen, die Oberflächlichkeit – das war nicht meine Zukunft."

Sie erinnert sich an ihre Mutter: „Wenn du ein Lokal hast, kannst du nie verhungern", hatte sie immer gesagt. Kim macht ein kleines Restaurant auf. Beaufsichtigt persönlich die Bauarbeiten, um eines der damals noch spärlich gesäten Wiener Sushi-Lokale zu eröffnen. 1995 ist Sushi in Wien kaum bekannt. Sie engagiert einen Koch aus Korea. Doch dadurch wurde sie von ihm abhängig – und nichts hasst Kim mehr. „Ich dachte, o.k., so schwierig kann's doch nicht sein." Aber es wurde schwierig: Sie schließt ihr Lokal für einen Monat und beginnt am Fisch zu üben. „Ich habe einfach angefangen, Fisch zu filetieren." Pro Woche bestellt sie 40 bis 50 Stück Lachs und übt den richtigen Schnitt. Zu Beginn weiß sie nicht einmal, wie man ihn richtig hält, nicht nur ein Filet landet auf dem Boden. Das geht vier Wochen lang so, dann eröffnet Kim das winzige Lokal im Viertel um die Volksoper: Drei Wochen später ist sie völlig ausgebucht. Frischer roher Fisch ist neu in Mitteleuropa, Kim eine der Ersten, die damit arbeitet. Es ist ein kleiner, schlichter Ort. Für junge Menschen macht sie bessere Preise, um Stammgäste zu binden, die ihre authentische Küche mit Korea-Einflüssen lieben. Was sofort gelingt. Von allen gefeierten und angesagten Lokalen hat Kim heute die bunteste, jüngste, vermutlich offenste und auf jeden Fall treuste Fangemeinde.

Als sie zur vorgeschriebenen Prüfung für die Restaurantkonzession antritt, hat sie zwar keine große Ahnung von Wiener Schnitzel & Co, verspricht aber: „Ich koche nur Fisch." Sie besteht die Prüfung und hält sich fast immer an das Versprechen.

Doch es kommen auch harte Zeiten: Sie steigt bei einem aberwitzigen Restaurantprojekt ein, eine eigens hergestellte Sushi-Maschine hatten die neuen Teilhaber angeschafft. Es wird zum Fiasko. Auch finanziell. Kim schwört sich selbst, nie wieder von anderen wirtschaftlich abhängig zu sein. Sie beginnt wieder ganz von vorne.

Und hat mit ihrem neuen Restaurant „Kim kocht" mehr Erfolg als je zuvor. Dort ist es vor allem ihre kompromisslose Konzentration auf das Produkt, die sie so erfolgreich macht. Kaum ein anderer Koch in Mitteleuropa hat sich etwa mit dem Thunfisch so intensiv auseinandergesetzt. Heute setzt Kim Thunfisch aus Respekt vor der vom Aussterben bedrohten Gattung nur sehr selten ein. Kaum ein anderer Koch mischt asiatische, mediterrane und lokale Traditionen, Gewürze und Rezepte so flüchtig und präzise zugleich. Dabei unterlief Kim nie der Irrtum der gescheiterten „Fusion-Kitchen": Sie mischt nicht einfach nur ein paar Gerichte zusammen zu einem neuen globalen Eintopf, sondern kombiniert einzelne Materialien zu einem neuen Geschmackserlebnis. Und sie gilt in ihrer Heimat längst als eine Art kulinarische Botschafterin, wird von TV-Station zu TV-Station gereicht – nicht nur in Korea, auch in Deutschland hat sie TV-Sendungen, als „Wiener" Köchin mit asiatischen Crossover-Kreationen und -Ambitionen. Wenn es ums Kochen geht, verrät Kim nie ihre Grundsätze: Der gesteigerte Kuhmilch-Konsum in asiatischen Ländern kann sie richtig ärgern. Die ungewohnte, vom „Westen" übernommene Ernährungsweise sorgt für ein massives Ansteigen von Unverträglichkeiten, allergischen Reaktionen, Magen-Darm-Erkrankungen und Gewichtszunahmen auch in Asien. Sie selbst beweist in ihrem Kupferkammer-Lokal, dass gesunde Ernährung und Genuss kein Widerspruch sind. Kim setzt voll auf die Fünf-Elemente-Küche. Manchmal hat sie nahezu heilende Wirkung: Betritt man gestresst ihr Lokal mit einer leichten Gastritis im Anmarsch, muss man nicht viel sagen. Kim erkennt das Leiden des Stammgastes an seinem Gesicht und stellt ein passend-basisches Menü zusammen.

„Und wie geht es privat?"
„Wir sind eine große, bunte Familie!"

Ihre Mitarbeiter und ihre Freundinnen gehören ebenso dazu wie ihr Cousin, den sie und ihr Mann Willi Balanjuk adoptiert haben. Kim ist übrigens durchaus streng in der Erziehung, wie ihre Mama es war.

Was Kim von manch anderen Gastronomen Wiens unterscheidet, ist ihre fast kompromisslose Ehrlichkeit: Wenn ihr jemand – was nicht häufig vorkommt – unsympathisch ist, dann spürt man das auch als Freund und Beobachter. Die Unternehmerin kann und will sich vermutlich nicht verstellen.

„Wo hast du kochen gelernt?"
„Durch das Essen! Als Gast, wie du einer bist!"

Wenn Kim mit ihrem Mann eine große Reise unternommen, wieder einige der großen Adressen der Kulinarik, einen der Starköche in Frankreich, im Baskenland

oder in Übersee besucht hat, bildet sie sich erstens eine klare Meinung und formuliert sie zweitens auch. Während andere kritiklos die neuesten Moden beschwören, kann es schon vorkommen, dass sie meint: „Das hat aber jetzt nichts mit gesunder Ernährung zu tun."

Und neben dieser Offenheit gibt es noch einen kleinen Unterschied: Kim bleibt ihrer eigenen Linie treu, selbst wenn sie kulinarisch Neues, vielleicht auch Überzeugendes kennenlernt.

„Was ist Neuer Wind?"

„Ein von mir initiiertes Jugend-Integrationsprojekt."

Kim hat sich lange den Kopf zerbrochen, ob und wie weit Integration von Zuwanderern funktionieren kann. Dass sie selbst von den Medien immer wieder als Beispiel für ein gelungenes Leben einer Migrantin im nicht immer einfachen österreichischen Umfeld genannt wird, sieht Kim auch als Verpflichtung: Kurzerhand und einmal mehr in atemberaubender Geschwindigkeit hat sie aus eigener Kraft und mit Hilfe von Freunden den Verein „Neuer Wind" gegründet, der sich vor allem Kindern von Einwanderern aus verschiedenen Ländern annimmt, die schon in Österreich geboren sind. „Neuer Wind" kümmert sich um Aus- und Weiterbildung, hilft beim Einstieg ins Berufsleben und beim Knüpfen von Kontakten. „Wir unterstützen die Jugendlichen mit einer Art Stipendium", erzählt Kim. „Ich halte Bildung für den einzigen Weg in eine gute Zukunft – sie stärkt das Selbstbewusstsein und die eigene Meinung und ist die beste Medizin gegen Unzufriedenheit und Frust." Und viele dieser Begegnungen zwischen den Jugendlichen und den Mentoren, die den „Neuen Wind" unterstützen, passieren in Kims „Shop & Studio" am Naschmarkt, einem idealen Ort für Kommunikation und gleichzeitig einer kleinen, feinen Genuss-Botschaft. In dem Geschäft, in dem es viele Gewürze zu kaufen gibt, mit denen Kim ihre Speisen zaubert, wird auch gekocht. Täglich steht Kim dort selbst am Herd und natürlich gehört der nur wenige Plätze fassende Stand am Naschmarkt dann immer zu den begehrtesten Mittag-Hotspots der Stadt.

Wer Kim dort beobachtet, weiß sofort: Diese Frau kann nicht stillstehen, muss in Bewegung bleiben und kann gar nicht anders, als zu arbeiten. Wenn ihre engen Freunde raten, sich doch ein Beispiel an vielen anderen Kollegen der Kochbranche zu nehmen, Ruhm und Bekanntheit auszukosten und weniger zu arbeiten, lächelt Kim entschuldigend und sagt: „Was soll ich tun?" Ihre Gäste lassen es einfach nicht zu.

Kim läuft, Kim redet, Kim liebt das Leben.

Kim kocht. Neu.

KIM KOCHT & WILLI TRINKT

Willibald Balanjuk

Bei mir als Weinliebhaber, der seit 25 Jahren auch in der Weinbranche tätig ist, stand Wein immer im Vordergrund. In der griechischen Mythologie wird aber immer von Nektar und Ambrosia als „göttliche Nahrung, göttliche Natur und Unsterblichkeit" gesprochen. Wein und Speisen getrennt genossen, scheinen sehr interessant, aber erst die gelungene Kombination aus beiden ist „göttlich". Anfang der 1990er Jahre war ich im Rahmen meiner Aufgaben für die Österreichische Weinmarketing Servicegesellschaft für die Betreuung der asiatischen Märkte verantwortlich und lernte die Küche Japans kennen. Die gängigen Speisen- und Getränkekombinationen beschränkten sich auf Tee- und Reiswein-Be-

Kim kocht

gleitung. Mein europäisch-alpiner Geschmack konnte mit diesen Kombinationen wenig anfangen, da mir Frucht und lebendige Struktur der Getränke fehlten. Deshalb habe ich in den letzten 15 Jahren gemeinsam mit meiner Frau verschiedenste Wein-Speisen-Kombinationen ausgedacht und ausprobiert. Die Vielfalt der asiatischen Gewürze und Geschmacksnuancen – Kombinationen mit Ingwer, Koriander, Sojasauce, Zitronengras, Curry, Chili, Thaibasilikum, Sesam u. v. a. – macht es den Weinen nicht leicht. Sowohl die Aromatiefe des Weins in der Nase als auch eine körperreiche und konzentrierte Geschmacksvielfalt am Gaumen müssen mit den vielfältigen Nuancen dieses neuen internationalen Küchentrends harmonieren.

Einerseits passen gereifter Weißwein aus dem Burgund, dem Elsass und auch Riesling aus Deutschland sehr gut zu diesen Gerichten. In Österreich bieten sich Rotgipfler und Zierfandler – zwei regionale Spezialitäten der Thermenregion – als ideale Begleiter dieser Küche an. Die Aromabandbreite von gelben reifen Früchten, exotische Mango-, Papaya- und Maracuja-Noten finden sich in den beiden Rebsorten genauso wie saftige reife Honigmelone, Birne, gelber Apfel und Grapefruit. Beide Rebsorten bieten einen kräftigen, gut balancierten Körper und feine Mineralität im Abgang. Reifer, mittelkräftiger Grüner Veltliner, Roter Veltliner und kräftige Gemischte Sätze sind ebenso ausgezeichnete Kombinationsmöglichkeiten.

Gibt es nun die perfekte Kombination? Ja, wenn man vorurteilsfrei und entspannt an eine Speisen-Wein-Kombination herangeht. Idealerweise steigert sich der Genuss aber durch das Teilen. Das gemeinsame Erleben einer Kombination „Speise und Wein" – darüber sprechen, diskutieren und reflektieren – mit einer Person, die man schätzt oder liebt, erhebt dieses Vergnügen zum höchsten Genuss: Er wird damit einfach „göttlich".

kim kocht

ERNÄHRUNG IN DER TRADITIONELLEN CHINESISCHEN MEDIZIN (TCM)

Eva Wolkenstein

Lebensmittel haben die Aufgabe, uns mit lebenswichtiger Energie (chin. Qi) zu versorgen. Diese Energie brauchen wir, um alle Körperfunktionen aufrecht zu erhalten und leistungsfähig zu sein. Während wir heute im Westen diese Energie in Kalorien oder Joule berechnen und unsere Lebensmittel nach Vitamin- und Spurenelementgehalt, Kohlenhydrat- und Fettanteil einteilen, haben unsere Vorfahren im Westen wie im Osten vor allem die Dynamik der Lebensmittel beachtet.

Dabei wurde in wärmende und heiße sowie kühlende, kalte und neutrale Energie unterteilt. Wärmendes (Yang-Energie) wirkt Kälte entgegen, macht dynamisch und aktiv, zu viel davon trocknet aber die Körpersäfte aus (z. B. Durst nach zu viel Alkohol oder Kaffee).

Kühlendes und Kaltes (Yin-Energie) spendet Körpersäfte, ernährt das Gewebe, zu viel davon lässt uns frieren, müde und energielos werden (z. B. nahezu alle Obstsorten und Gemüsesäfte).

Die Energetik der Lebensmittel wird durch die Geschmacksrichtung bestimmt. So ist scharf energetisch heiß, leicht scharf ist wärmend. Sauer ist leicht kühlend, bitter und salzig eher kalt, süßer Geschmack ist neutral und harmonisierend. Ein harmonisches Miteinander der Geschmäcker verspricht also nicht nur kulinarischen Genuss, sondern ist auch vitale Notwendigkeit für die Balance unserer Körperenergie.

So wie die Natur den Nahrungsmitteln nicht nur eine einzige Geschmacksrichtung zuteilt – etwa Obstsorten, von denen viele süß-sauer sind, deren Früchte aber oft eine leicht bittere Schale haben –, enthalten auch Gerichte nicht nur eine Geschmacksrichtung. Häufig herrscht aber eine davon vor, die im vorliegenden Buch dem ihr entsprechenden Element zugeordnet ist.

Kims Rezepte berücksichtigen alle Elemente, sie stärken die Kraft des Elements Erde, die Dynamik des Elements Holz, die Wärme des Elements Feuer, die Stabilität des Elements Wasser sowie die Balance des Elements Metall.

APERITIFS COCKTAILS

EINMAL ANDERS

TOM-YOM-WODKA

500 ml Wodka
6 cl Reiswein
8 Korianderwurzeln
4 frische Chilischoten
8 Stk. frischer Galgant à 2 cm → S. 186
3 Stangen Zitronengras, schräg geschnitten
4 Stängel Schnittlauch, blanchiert

Alle Zutaten außer Schnittlauch und Reiswein in einem gut verschlossenen Gefäß mindestens 1 Woche ziehen lassen. Danach mit dem Schnittlauch jeweils 1 Korianderwurzel, 1 Galgantstück und 1 Chilischote zusammenbinden. Mit einigen Zitronengras-Scheiben in ein Glas geben, mit Reiswein und 4 cl Wodka aufgießen.

SPICY FROG EGGS

2 EL Thaibasilikumsamen-Mischung
100 ml Sake
1 Schuss Limettensaft
Eiswürfel
wenig gehacktes Koriandergrün
4 gewaschene Korianderwurzeln zum Garnieren

Thaibasilikumsamen-Mischung (reicht für 4 Portionen):
4 EL Thaibasilikumsamen
200 ml Bio-Apfelsaft
1 Schuss Limettensaft
etwas Zucker
1 Prise geriebener Chili
1 Prise Salz
100 ml Fruchtmark (Erdbeer- oder Himbeermark ohne Kerne)

Thaibasilikumsamen in Apfelsaft einweichen, danach Limettensaft, Zucker, wenig Chili, Salz und das Fruchtmark dazumischen. Nun Martinigläser in folgender Reihenfolge füllen: Eiswürfel – Thaibasilikumsamen-Mischung – Sake – mit Limettensaft aufgießen. Mit etwas Koriandergrün und -wurzel garnieren.

ERDBEER-KARDAMOM-BELLINI

2 EL Erdbeermus
100 ml Prosecco (oder Sekt)
Eiswürfel
kleine Erdbeeren zum Garnieren

Erdbeermus (reicht für 4 Portionen):
200 g frische Erdbeeren
1/2 TL Kadamomkerne, zerstampft
1 EL Zucker
1/2 TL schwarzer Pfeffer, zerstampft

Für das Mus die Erdbeeren waschen, klein schneiden und mit den übrigen Zutaten aufkochen. 10 Minuten köcheln, dann abkühlen lassen. Erdbeermus in ein Glas geben, dieses mit Eiswürfeln auffüllen. Mit Prosecco übergießen und mit Erdbeeren garnieren.

MANGO-BLINI

2 reife asiatische Mangos
1 nicht ganz reife südamerikanische Mango
Saft einer Limette
400 ml Sekt
Eiswürfel

Südamerikanische Mango schälen, in schräge dünne Streifen schneiden. Die beiden anderen Mangos schälen und im Mixer mit dem Limettensaft gut pürieren. Danach Eiswürfel in ein Champagnerglas geben, das Mangopüree beifügen und mit Sekt aufgießen. Mit Mangostreifen garnieren und servieren.

KAVIAR-TEQUILA

4 cl Tequila
4 cl Reiswein
1/2 Zitrone
Meersalz
4 EL Ketakaviar → S. 186
Crushed Ice
1 EL Schnittlauch, geschnitten

4 Champagnergläser am Rand mit der halben Zitrone befeuchten und in Meersalz tauchen.
Crushed Ice in die Gläser füllen, Tequila und Reiswein dazugeben. Je 1 EL Ketakaviar daraufsetzen und mit wenig Schnittlauch garnieren.

THAI-MOCHITO

50 g Thaibasilikumblätter
1 Zitrone, klein geschnitten
2 EL brauner Kandiszucker
6 cl weißer Rum
Crushed Ice

Alle Zutaten in Gläser füllen und servieren.

TEE

ICH TRINKE GERNE TEE UND AUCH VIELE MEINER GÄSTE VERZICHTEN HIN UND WIEDER – Z. B. WÄHREND DER FASTENZEIT – AUF ALKOHOL. MEINE KREATIONEN ENTHALTEN KEIN TEIN UND KÖNNEN DIE GESUNDHEIT UNTERSTÜTZEN.

SHISO-TEE

Je 1 Handvoll rote und grüne Shisoblätter (getrocknet oder frisch) in 1 Liter kochendes Wasser geben und 5 Minuten ziehen lassen.

LEMONGRAS-INGWER-TEE

10 Stangen Zitronengras
5 cm frischer Ingwer → S. 186
1 l Wasser
2 EL Zucker

4 Zitronengras-Stangen für die Garnitur beiseitelegen. Den Ingwer klein würfeln, die übrigen Zitronengras-Stangen in schräge Scheiben schneiden und mit den restlichen Zutaten 20 Minuten köcheln lassen. Mit Ingwerwürfeln und Zitronengras garnieren und servieren.

BITTERGURKE-SÜSSHOLZWURZEL-TEE

1 l Wasser
4 getrocknete Bittergurkenscheiben → S. 186
6 Süßholzwurzeln → S. 187

Alle Zutaten 5 Minuten kochen, abseihen und servieren.

Bittergurke senkt Zucker und Cholesterinspiegel im Blut, schmeckt aber wirklich sehr bitter.

HOT PINK LADY

4 Scheiben rosa Drachenfrucht
→ S. 186
2 ganze Drachenfrüchte
1 frische Chilischote, gehackt
2 EL Zucker
Saft einer Zitrone
1 Prise Salz
500 ml Wasser

Ganze Drachenfrüchte schälen und in einem Mixer mit Wasser gut durchmixen. Drachenfrucht-Wasser-Gemisch aufkochen und mit Zitronensaft, Chili, Salz und Zucker gut vermischen. Mit Drachenfrucht-Scheiben (und evtl. Chili) garnieren.

TAMARINDE-GRAPEFRUIT-TEE

4 frische Tamrindenschoten → S. 187
1 l Wasser
Saft von 2 Grapefruits
4 Grapefruit-Scheiben
2 EL Palmzucker → S. 187

Die Tamarinden schälen und mit Wasser und Palmzucker 20 Minuten kochen. Vom Herd nehmen, den Grapefruitsaft dazugeben. Grapefruit-Scheibe und Tamrainden-schote in ein Glas geben, mit Tee aufgießen und servieren.

HIBISKUS-HONIG-TEE

8 Hibiskusblüten
2 EL Orangenhonig
500 ml Wasser

Alle Zutaten zum Kochen bringen und in einem Martiniglas mit 2 Blüten dekoriert servieren.

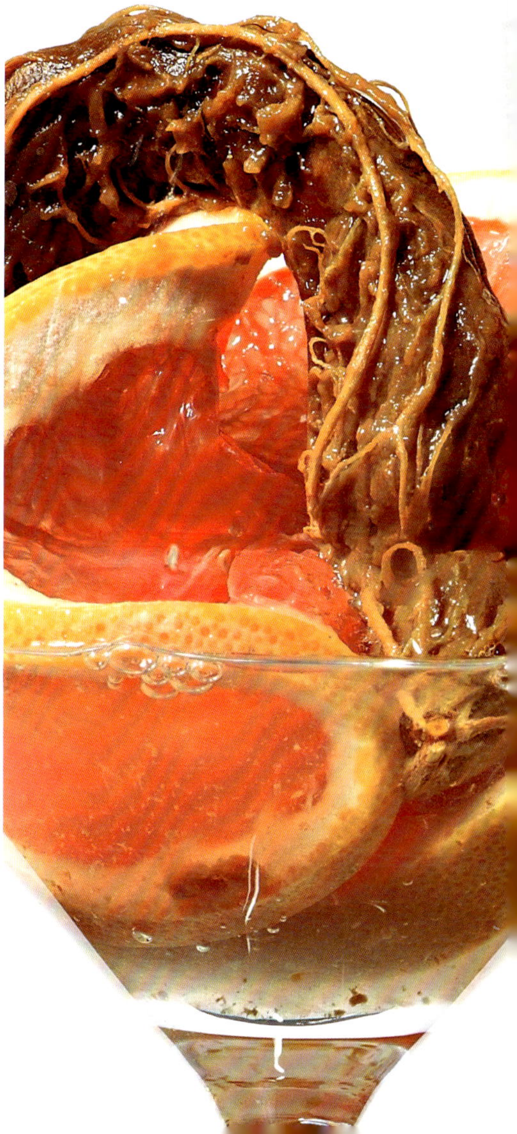

SUPPEN

DUK GUK

REISTALERSUPPE

ZUTATEN FÜR 4 PORTIONEN

500 g Reistaler, geschnitten (aus dem Asia-Shop)
2 Eier
1 Zucchini
dunkles Sesamöl
1/2 Rettich
chinesischer Bärlauch (aus dem Asia-Shop)
Salz
100 g Rinderfilet
Sojasauce
1 Blatt Seetang (Nori → S. 187)
700 ml Wasser
Sonnenblumenöl

ZUBEREITUNG

Die Reistaler in kaltem Wasser 1 Stunde weichen lassen. Die Eier glatt rühren, leicht salzen und in einer Pfanne mit wenig Sonnenblumenöl 2 dünne Fladen (wie Pfannkuchen) backen, danach in 3 mm schmale Streifen schneiden und beiseitestellen. Zucchini waschen, fein nudelig schneiden und in einer Pfanne mit dunklem Sesamöl 1 Minute anschwitzen, mit Salz abschmecken und beiseitestellen. Den Rettich waschen und schälen, danach wie die Zucchini zubereiten und ebenfalls parat stellen. Chinesischen Bärlauch waschen, in 5 cm lange Streifen schneiden, kurz blanchieren, abseihen, anschließend mit Salz und dunklem Sesamöl gut vermischen. Rindfleisch sehr klein hacken. Eine Pfanne heiß werden lassen, dunkles Sesamöl hineingeben, das Fleisch darin gut durchbraten, mit Sojasauce abschmecken (das Fleisch kann ruhig salzig schmecken, die Suppe bekommt davon ihre Würze). Seetang mit der Schere in dünne Streifen schneiden und beiseitestellen.
Topf mit Wasser zum Kochen bringen, darin die Reistaler 3 Minuten köcheln lassen (jedenfalls so lange, bis die ersten Reistaler an die Oberfläche steigen). Einen Schöpfer Reistaler samt Kochflüssigkeit in eine Suppenschüssel geben und der Reihe nach Zucchini, Rettich, Eier, Rindfleisch und Bärlauch daraufschichten. Zuletzt mit Seetang-Streifen bestreuen.

Erde, Metall und Holz | Diese Suppe enthält alles, was für den Neustart symbolisch wünschenswert ist – Kraft (Fleisch), Stabilität (Reis) und Fruchtbarkeit (Eier).

Die Suppe wird traditionell zu Neujahr zubereitet.

KAROTTEN-INGWER-SUPPE

MIT BERBERITZENSCHAUM

ZUTATEN FÜR 4 PORTIONEN

Suppe:
500 g Karotten (Möhren), gewaschen
5 cm frischer Ingwer → S. 186
1 l Gemüsefond → S. 176
50 ml Olivenöl
Saft einer halben Zitrone
Zucker
Salz

Berberitzenschaum:
8 g Berberitzen, getrocknet → S. 186
1 TL Zucker
50 ml Gemüsefond → S. 176
130 ml Kokosmilch
Salz

ZUBEREITUNG

Für die Suppe Karotten und Ingwer klein schneiden und im Gemüsefond mit Olivenöl weich kochen. Anschließend die Suppe mit dem Stabmixer pürieren und durch ein Spitzsieb passieren. Vor dem Servieren mit Salz, Zucker und Zitronensaft abschmecken.
Für den Berberitzenschaum Zucker in einem Topf karamellisieren, die Berberitzen hinzugeben und etwas umrühren. Anschließend Gemüsefond und Kokosmilch beifügen und einige Minuten köcheln lassen. Die Flüssigkeit mit dem Stabmixer pürieren und durch ein Spitzsieb passieren, mit Salz abschmecken und auf 130 ml reduzieren. Anschließend noch einmal mit dem Mixer schaumig schlagen und den Schaum vor dem Servieren auf der Suppe platzieren.

Erde und Wasser | Suppe: Stärkt die Mitte, belebt das Qi. Nach den 5 Elementen kontrolliert die Erde das Wasser. Zusammen sorgen beide Elemente für ausreichend Körpersäfte.

NORBIS SPICY TOMATENSUPPE

MIT LEMONGRAS-INGWER-SCHAUM

ZUTATEN FÜR 4 PORTIONEN

Suppe:
1 Zwiebel
750 g Tomaten
1 Knoblauchzehe
1 cm frischer Ingwer → S. 186
600 ml Gemüsefond → S. 176
oder Wasser
1 EL Tomatenmark
2 EL Olivenöl
2 Kaffir-Limettenblätter → S. 186
1 frische Chilischote
Saft einer halben Zitrone
Salz

Lemongras-Ingwer-Schaum:
1 cm frischer Ingwer → S. 186
1 cm frischer Galgant → S. 186
2 Stangen Zitronengras
1 frische Chilischote
130 ml Kokosmilch
50 ml Gemüsefond → S. 176
Saft einer halben Zitrone
Salz

ZUBEREITUNG

Für die Suppe Zwiebel würfelig schneiden und mit fein gehacktem Knoblauch und Ingwer in Olivenöl glasig anschwitzen. Anschließend das Tomatenmark beifügen. Die klein geschnittenen Tomaten dazugeben und mitbraten. Nun mit Gemüsefond aufgießen und köcheln lassen.
Chilischote der Länge nach einschneiden und mit beiden Kaffir-Limettenblättern in die Suppe geben. Nach einer halben Stunde Kochzeit die Suppe mit dem Stabmixer pürieren und anschließend durch ein Spitzsieb passieren. Nun mit etwas Salz und Zitronensaft abschmecken.
Für den Schaum Ingwer und Galgant schälen und klein schneiden, Zitronengras ebenfalls klein schneiden, die Chilischote der Länge nach einschneiden und alles in Kokosmilch und Gemüsefond 20 Minuten köcheln lassen. Anschließend mit einem Stabmixer pürieren und durch ein feines Spitzsieb passieren. Nun die Flüssigkeit auf 130 ml reduzieren und mit Salz und Zitronensaft abschmecken. Noch einmal mit dem Mixer schaumig schlagen und den Schaum vor dem Servieren auf der Tomatensuppe platzieren.

„Norbi Suppenkönig" ist meine rechte Hand in der Küche!

木 金

Holz und Metall | Die süß-sauren Tomaten harmonisieren die Mitte, die Schärfe entspannt den durch Stress gestauten Fluss des Qi. Nach den 5-Elementen kontrolliert Metall das Holz, hält also die zu Ausbrüchen neigende Leber in Schach.

LEMONGRAS-FISCHSUPPE

MIT PAK CHOI UND WANTAN

ZUTATEN FÜR 4 PORTIONEN

Fischsuppe:
div. Fischreste (Köpfe, Gräten)
1 Zwiebel
5 Stangen Zitronengras
4 cm frischer Ingwer → S. 186
5 cm frischer Galgant → S. 186
3 Knoblauchzehen
5 Zweige Koriander mit Wurzel
1 frische Chilischote im Ganzen
1 EL Pflanzenöl
3 EL Limettensaft
4 EL Fischsauce
Salz

Wantan:
Teig (oder fertige Teigblätter aus dem Asia-Shop verwenden):
100 g Mehl
ca. 50 ml warmes Wasser
1 Prise Salz
Mehl für die Arbeitsfläche

Füllung:
80 g Thunfisch oder Garnelen, klein gehackt
1 cm frischer Ingwer → S. 186
1 TL Kartoffelstärke
1 TL dunkles Sesamöl
1 EL Reiswein (oder trockener Sherry)
Salz

Fertigstellung:
1 Stange Zitronengras
1 roter Pfefferoni
2 cm frischer Ingwer → S. 186
1 Pak Choi → S. 187
4–8 Korianderblätter
800 ml Fischsuppe
8–12 Stk. Wantan

ZUBEREITUNG

Für die Suppe Zwiebel schälen und grob schneiden, Zitronengras im Mörser zerstampfen (so kommt der Geschmack besser zur Geltung), Galgant, Ingwer, Knoblauch sowie Koriander fein hacken oder ebenfalls zerstampfen.
Einen geräumigen Topf erhitzen, Pflanzenöl hineingeben und die Zwiebel und das zerstampfte Gemüse sowie den Chili darin 2 Minuten anschwitzen. Die Fischreste dazugeben und 5 Minuten leicht anbraten. Anschließend mit 1 Liter Wasser aufgießen und auf kleinerer Flamme ca. 1 Stunde köcheln lassen.
Die Suppe abseihen und mit Limettensaft, Fischsauce und Salz abschmecken.
Für die Wantan aus Mehl, warmem Wasser und Salz einen glatten Teig kneten. Mit einem feuchten Tuch abdecken und beiseitestellen.
Für die Füllung Ingwer fein hacken und unter den Fisch mengen. Salz, Reiswein und Kartoffelstärke sowie Sesamöl einrühren und alles kräftig durchmischen.
Den Teig auf einer bemehlten Arbeitsfläche sehr dünn (1 mm) ausrollen und Teigkreise von ca. 4 cm Durchmesser ausstechen. In der Mitte der Teigkreise jeweils ca. 1 Teelöffel Füllung platzieren, den Rand mit Wasser befeuchten, Wantan zusammenklappen und die Ränder festdrücken.
Wasser zum Kochen bringen, Wantan darin 4 Minuten köcheln lassen und anschließend warm stellen.
Für die Fertigstellung Zitronengras in Scheibchen, Pfefferoni in dünne schräge Ringe und Ingwer in feine Streifen schneiden. Pak Choi putzen, waschen, vierteln, kurz in heißem Wasser blanchieren und danach in kaltem Wasser (oder Eiswasser – so bleibt die grüne Farbe erhalten) abschrecken.
Wantan, je 1 Stück Pak Choi, Pfefferoni, Zitronengras, Koriandergrün und Ingwer-Streifen in Suppenschalen oder tiefe Teller füllen und mit der Suppe übergießen.

Wasser | Eine Suppe für Rekonvaleszenz, Schwangerschaft und Stillzeit.

TOPINAMBURSUPPE

MIT BONITOFLOCKEN

ZUTATEN FÜR 4 PORTIONEN

1/2 kg geschälter Topinambur
1 Zwiebel
2 EL hochwertiges Pflanzenöl
1 l Gemüsefond → S. 176
250 ml Kokosmilch
Saft einer halben Zitrone
Salz
einige Bonitoflocken → S. 186

ZUBEREITUNG

Zwiebel klein schneiden und in Pflanzenöl anschwitzen. Den Topinambur ebenso klein schneiden und mitbraten. Gemüsefond und Kokosmilch dazugeben und so lange kochen, bis der Topinambur weich ist (ca. 10 Minuten). Suppe mit dem Stabmixer pürieren und anschließend durch ein Spitzsieb passieren. Vor dem Servieren mit Zitronensaft und Salz abschmecken und mit Bonitoflocken garnieren.

Erde | Diese Suppe ist ein absoluter Muntermacher.

Saturn-
1/4 3,40
1kg 13,60

VEGETARISCHES

GRATINIERTE FEIGE

MIT MELANZANI-LIMETTEN-PÜREE

ZUTATEN FÜR 4 PORTIONEN

5 Limetten
500 g Melanzani (Auberginen)
Salz
Olivenöl zum Braten
1 Zwiebel, klein gehackt
1 Knoblauchzehe, gehackt
1 EL Limettenöl (aus dem Ölfachhandel)
4 Feigen
1–2 TL Zucker
1/2 TL Cayennepfeffer, pulverisiert
50 g Parmesan

ZUBEREITUNG

Die Limettenschalen abreiben und beiseitestellen, den Limettensaft auspressen.
Die Melanzani schälen und entkernen, klein würfelig schneiden und mit Limettensaft und Salz vermischen, damit sie nicht dunkel werden.
Einen Topf erhitzen, Olivenöl hineingeben, Zwiebel und ein wenig Zucker darin leicht karamellisieren, danach die Melanzaniwürfel samt Limettensaft sowie den Knoblauch beifügen und die Melanzani weich dünsten. Anschließend mit einem Stabmixer sehr fein pürieren, mit Salz und Limettenöl abschmecken und warm stellen.
Die Feigen waschen und putzen. Danach an der Spitze kreuzförmig einschneiden und leicht öffnen, sodass das Fruchtfleisch sichtbar wird.
Mit wenig Zucker und Pfeffer bestreuen und bei 200 °C (Oberhitze, oder mit einem Bunsenbrenner) 3 Minuten gratinieren. Anschließend Parmesan darüberreiben und weitere 2 Minuten gratinieren.
Mit Melanzanipüree anrichten und sofort servieren.

Zierfandler / Traminer

Feuer | Stärkt das Qi des Herzens und unterstützt den Dünndarm in seiner entgiftenden Funktion.

WARMER ROTER RÜBENSALAT

MIT GRÜNEM SPARGEL

ZUTATEN FÜR 4 PORTIONEN

4 kleine rote Rüben (rote Bete)
8 Stangen grüner Spargel
2 Schalotten, klein geschnitten
40 ml Apfelbalsamico
1 EL dunkle Sojasauce
4 EL Olivenöl
Saft einer Zitrone
Salz

ZUBEREITUNG

Rote Rüben mit der Schale weich kochen, schälen, in mundgerechte Stücke schneiden (oder bereits geschält und in mundgerechten Stücken im Dampfgarer dämpfen) und beiseitestellen.
Den unteren holzigen Teil des Spargels entfernen. Dann in 2 cm lange Stücke schneiden (evtl. schälen, wenn die Spargelstangen hart sind).
Pfanne heiß werden lassen, 2 Esslöffel Olivenöl hineingeben und die Schalotten darin glasig anlaufen lassen. Anschließend mit Sojasauce und Apfelbalsamico ablöschen. 2 Minuten einreduzieren lassen, dann die roten Rüben dazugeben und die Pfanne kurz schwenken. Die Rüben 1 Minute ziehen lassen und mit Muskatnuss abschmecken.
Eine weitere Pfanne erhitzen, Olivenöl hineingeben, Spargel sowie Zitronensaft beifügen, salzen und anbraten.
Die roten Rüben auf Tellern anrichten, den Spargel darauf platzieren und servieren.

🍷 Reifer Grüner Veltliner / Roter Veltliner

Feuer | Unterstützt die Blutbildung.

TOFULAIBCHEN

MIT PAPAYA-CHILI-SAUCE

ZUTATEN FÜR 4 PORTIONEN

1 Zucchini
1 Karotte (Möhre)
300 g Tofu (natur)
3 EL salzige Sojasauce
2 EL dunkles Sesamöl
1 kleine Knoblauchzehe, gehackt
2 cm frischer Ingwer, gerieben → S. 186
3 Eier
1 Pfefferoni, fein gehackt
Salz
Sonnenblumenöl
100 ml Papaya-Chili-Sauce → S. 182
1 EL Papayakerne

ZUBEREITUNG

Karotte und Zucchini waschen und fein hacken.
Tofu zerdrücken und mit den restlichen Zutaten bis auf die Papaya-Chili-Sauce, die Papayakerne und das Sonnenblumenöl gut vermischen. Aus der Masse Laibchen mit 5 cm Durchmesser und 1 cm Höhe formen. Die Laibchen in einer Pfanne in Sonnenblumenöl goldbraun ausbacken. Papaya-Chili-Sauce und Papayakerne vermischen, über die Laibchen gießen und servieren.

Sauvignon Blanc / Riesling

土

Erde | Der leicht süße Geschmack der Papaya vertreibt die Lust aufs Naschen.

TEMPEH

MIT SÜSS-SAUREM GEMÜSE

ZUTATEN FÜR 4 PORTIONEN

250 g Tempeh (natur) → S. 187
Erdnussöl
1 Zucchini
1 Karotte (Möhre)
1 rote Zwiebel
2 rote Pfefferoni
4 Stk. Pak Choi → S. 187
dunkles Sesamöl
100 g Erdnüsse, geröstet und gesalzen (Cocktailerdnüsse)
1 TL Wokgewürz-Öl → S. 183

Sauce:
5 EL Sojasauce
2 EL Zucker
2 EL Sushi-Essig (oder Balsamico-Essig)
3 EL Zucker
1 EL Kartoffelstärke, in wenig Wasser aufgelöst

ZUBEREITUNG

Tempeh blättrig schneiden, in wenig Erdnussöl beidseitig anbraten und warm stellen.
Für die Sauce alle Zutaten vermengen und beiseitestellen.
Karotte und Zucchini waschen, der Länge nach halbieren und in dünne Scheiben schneiden. Pfefferoni in feine Streifen schneiden, Zwiebel schälen und halbieren, in 2 mm schmale Halbmonde schneiden.
Pak Choi waschen und halbieren. Eine Pfanne mit Sesamöl erhitzen, Gemüse darin kurz anbraten, Erdnüsse dazugeben, kurz mitbraten, zum Schluss das Wokgewürz-Öl beifügen und Tempeh-Scheiben untermischen.
Die Sauce nochmals kräftig durchrühren, damit sich die Stärke nicht ansetzt, und in die Pfanne geben. Wenn die Sauce bindet (es muss noch Flüssigkeit vorhanden sein), Pfanne vom Herd nehmen.
Süß-saures Tempeh eventuell mit Reis auftischen.

Riesling Federspiel / Deutscher Riesling Großes Gewächs

Holz | Ideal zum Lunch. Vertreibt die Müdigkeit, sorgt für Dynamik und harmonisiert.

BIBIMBAB

KOREANISCHER GEMÜSEREIS

ZUTATEN FÜR 4 PORTIONEN

800 g gekochter Sushi- oder Rundkornreis
500 g grüner Salat
2 Zucchini
2 Karotten (Möhren)
2 Eier
etwas Raps- oder Sonnenblumenöl
2 EL gerösteter Sesam (Gomasio)
4 EL dunkles Sesamöl
4 EL koreanische Chilisauce (Kim kocht „Shop & Studio“)
Salz

ZUBEREITUNG

Salat waschen, trocken schleudern und klein schneiden, Gemüse waschen und klein würfeln. Eier glatt rühren und in der heißen Pfanne mit wenig Öl 2 „Pfannkuchen“ ausbacken, diese ebenfalls klein würfeln. Eine weitere Pfanne heiß werden lassen. Darin die Zucchini in dunklem Sesamöl anbraten, mit Salz abschmecken und warm stellen. Die Karotten wie die Zucchini zubereiten.
1 Esslöffel dunkles Sesamöl unter den Reis mischen.
Auf der linken Hälfte eines Tellers mit einem Pinsel einen breiten Streifen Chilisauce „aufmalen“. Den Reis in der Mitte des Streifens platzieren und darauf, von links beginnend, Salat, Eier, Zucchini, Karotten und Sesam aufschichten.
Eventuell mit etwas zusätzlicher Chilisauce servieren.

Rotgipfler / Mittelkräftiger Grüner Veltliner

土 水

Erde und Wasser | Gibt Kraft und stärkt das Nieren-Yin.

GEMÜSE-COUSCOUS

MIT FRISCHEN KRÄUTERN UND BERBERITZEN

ZUTATEN FÜR 4 PORTIONEN

300 g Couscous
je ca. 10 Blätter (zusammen 1 Handvoll) frisches Koriandergrün, Minze, Petersilie
1 frische Chilischote
1 Karotte (Möhre)
1 Zucchini
1 Brokkoli
1 Zwiebel, klein geschnitten
1 Handvoll Pinienkerne, trocken geröstet
4 EL Berberitzen, getrocknet → S. 186
Olivenöl
1 EL reifer, süßer Balsamico-Essig
etwas Zucker
Salz, Pfeffer

ZUBEREITUNG

In einem mittelgroßen Topf Salzwasser zum Kochen bringen, Couscous darin 1 Minute (sehr kurz!) kochen, danach sofort abseihen und kalt abschrecken.
Alle Kräuter einzeln fein hacken oder zupfen und beiseitestellen. Chilischote fein hacken. Die Gemüse waschen und klein würfeln, Brokkoli in kleinere Stücke zerteilen (Strunk entfernen).
Eine Pfanne erhitzen, Olivenöl hineingeben, Zwiebel darin mit wenig Zucker karamellisieren. Danach die Gemüse beifügen, kurz anbraten, anschließend Couscous dazugeben, durchrühren, bis er heiß ist. Salzen, pfeffern und mit 1 Esslöffel Balsamico-Essig sowie mit etwas Olivenöl abschmecken. Berberitzen und Pinienkerne untermischen.
Couscous auf 4 kleinen Tellern anrichten, die Kräuter vermengen und darüberstreuen.

Sauvignon Blanc / Grüner Veltliner aus dem Weinviertel

BÄRLAUCHPALATSCHINKEN

DAZU WARMER EIERSCHWAMMERLSALAT

ZUTATEN FÜR 4 PORTIONEN

400 g Eierschwammerl (Pfifferlinge)
1 Bund Rucola
2 Schalotten
3 Bio-Eier
1 EL Sojasauce
2 EL Ingwer-Balsamico-Essig (Kim kocht „Shop & Studio")
4 EL Kürbiskernöl

Teig:
100 g Bärlauch
200 g Mehl
1 EL Sojasauce
2 Eier, schaumig geschlagen
ca. 100 ml Sodawasser
2 EL Sonnenblumenöl

ZUBEREITUNG

Für den Teig Bärlauch waschen und im Mixer fein pürieren. Aus den übrigen Zutaten einen Palatschinkenteig (Pfannkuchenteig) herstellen, den pürierten Bärlauch unterrühren und in wenig Sonnenblumenöl 4 dünne Palatschinken backen. Warm stellen.
Eierschwammerl putzen (wenn sie groß sind, etwas zerkleinern), Rucola waschen und putzen, die Schalotten klein würfelig schneiden.
Eine Pfanne erhitzen, die Schalotten darin in etwas Sonnenblumenöl glasig werden lassen und die Eierschwammerl dazugeben, ca. 1 Minute mitbraten (nicht länger, sie sollen keine Flüssigkeit abgeben). Mit Sojasauce und Balsamico abschmecken, danach die verquirlten Eier beifügen, umrühren und 1 Minute stocken lassen.
Palatschinken falten, in Gläser legen (oder auf Tellern anrichten), die Eierschwammerl mit Rucola dazugeben und zum Schluss mit Kürbiskernöl beträufeln.

Grüner Veltliner / Sauvignon Blanc

Metall | In der TCM wird Pilzen entgiftende Wirkung zugeschrieben. Bärlauch unterstützt dabei.

KOREANISCHE SOMEN-NUDELN

MIT EIERSCHWAMMERLN

ZUTATEN FÜR 4 PORTIONEN

200 g Somen-Nudeln (dünne Weizennudeln aus dem Asia-Shop)
4 EL dunkles Sesamöl
3 Jungzwiebeln
1 EL Zwiebel, gehackt
Sonnenblumenöl
1 EL Sojasauce
1 EL Balsamico-Essig
250 g kleine Eierschwammerl (Pfifferlinge), geputzt
scharfes koreanisches Dressing → S. 183
Salatmischung nach Saison
gerösteter Sesam (Gomasio) zum Garnieren

ZUBEREITUNG

Die Somen-Nudeln in Wasser 3 Minuten kochen, mit kaltem Wasser abschrecken, abseihen und mit dunklem Sesamöl gut vermischen.
Jungzwiebeln waschen und in 5 mm breite Ringe schneiden. Pfanne erhitzen, Sonnenblumenöl hineingeben, alle Zwiebeln darin anschwitzen, mit Sojasauce und Balsamico-Essig ablöschen, kurz einreduzieren. Dann die Eierschwammerl dazugeben und 1 Minute mitrösten.
Eierschwammerl sowie das koreanische Dressing zu den Somen-Nudeln geben und gut durchmischen.
Salat auf Tellern anrichten und Nudeln mittig platzieren, Eierschwammerl darübergeben und mit Sesam garnieren.

Grüner Veltliner / Sauvignon Blanc

MEERES-FRÜCHTE & FISCH

AUSTERN

MIT LEMONGRAS-CHILI-VINAIGRETTE

ZUTATEN FÜR 4 PORTIONEN

12 Austern (Fines de Claires → S. 186)
Wakame (Seetang) → S. 187
Crushed Ice

Vinaigrette:
1 Stange Zitronengras, in feinen Ringen
1 frische Chilischote, gehackt
1 Schalotte, klein gewürfelt
1 Zweig Koriander, grob gehackt
Saft einer Limette
1 TL Sojasauce
1 EL Sushi-Essig
1 TL Olivenöl
Salz

ZUBEREITUNG

Austern mit einem Austernmesser öffnen. (Vorsicht: Der Saft soll nicht ausrinnen!) Alle Zutaten für die Vinaigrette zusammenmischen. Auf einem Teller Eis und Wakame anrichten und die Austern daraufbetten. Danach mit der Vinaigrette beträufeln.

🍷 Champagner Rosé / Sauvignon Blanc

Metall und Wasser | Ein absolutes Anti-Aging-Rezept.

ZWEIERLEI AUSTERN-VARIATIONEN

GRATINIERT MIT PARMESAN

ZUTATEN FÜR 4 PORTIONEN

8 Austern
30 g Parmesan, gerieben
1 Ei
1 EL Sake
1 TL Zwiebel, klein gehackt

ZUBEREITUNG

Die Austern öffnen und den Saft in einer Schüssel auffangen. Die restlichen Zutaten in die Schüssel geben und alles gut vermischen. Die Parmesanmasse auf die Austern streichen und im vorgeheizten Ofen bei 200 °C (Oberhitze) ca. 4 Minuten gratinieren. Passt gut zu Olivenbrot.

GEBACKEN MIT EI

ZUTATEN FÜR 4 PORTIONEN

Fleisch von 8 Austern
Rapsöl zum Frittieren

Teig:
1 Ei
1 Eigelb
1 EL Tempuramehl (aus dem Asia-Shop)
1 EL Bonitoflocken → S. 186
1 EL Mirin → S. 187

ZUBEREITUNG

Alle Zutaten für den Teig in einer Schüssel gut vermengen. Dann das Austernfleisch kurz in den Teig tauchen und im heißen Öl (160 °C) frittieren, Austern auf Küchenpapier abtropfen lassen und servieren.

JAKOBSMUSCHELN

MIT BEEREN UND ORANGEN-INGWER-SAUCE

ZUTATEN FÜR 4 PORTIONEN

8 Jakobsmuscheln, ausgelöst
10 Himbeeren
10 Heidelbeeren (Blaubeeren)
10 Weintrauben, entkernt
4 Erdbeeren
3 cm frischer Ingwer → S. 186
1 Handvoll Salatmischung (z.B. Lollo Rosso, Rucola)
2 EL Olivenöl
1 Chilischote, gehackt
8 EL Orangen-Ingwer-Sauce → S. 183

ZUBEREITUNG

Beeren halbieren. Ingwer schälen und klein hacken (die Schale nicht wegwerfen, kann für Tee verwendet werden).
Salat waschen, trocken tupfen.
Pfanne heiß werden lassen. Olivenöl hineingeben und darin die Jakobsmuscheln beidseitig je 1/2 Minute braten. Die Muscheln herausnehmen und in Scheiben schneiden (innen sind sie noch glasig).
Salat auf Tellern anrichten. Je 2 Stück Jakobsmuschel-Scheiben darauflegen. Beeren darüber verteilen und mit gehacktem Ingwer bestreuen.
Je 2 Esslöffel Orangen-Ingwer-Sauce darüberträufeln.
Eventuell mit frischem Chili garnieren.

🍷 Zierfandler / Riesling

水火

Wasser und Feuer | Harmonisiert Feuer (Yang) und Wasser (Yin), stärkt Blut und Vitalenergie (Jing).

JAKOBSMUSCHELN

MIT DATTELCRÈME, DAZU KÜRBISRISOTTO

ZUTATEN FÜR 4 PORTIONEN

4 Jakobsmuscheln
ca. 4 EL Dattelcrème
2 EL Granatapfelkerne
grobes Meersalz, mit Pfeffer vermengt
Maiskeimöl

Kürbismus:
1 Hokkaidokürbis
1 Prise Muskatnuss
Salz
50 ml Wasser

Dattelcrème:
3 Königsdatteln
1 Eigelb
2 EL Erdnussöl
1 Chilischote, gehackt
1 EL Espresso
1 TL Sushi-Essig
1 Prise Salz

Risotto:
100 g Spaghettikürbis
2 EL Schalotten, gehackt
3 EL Maiskeimöl
200 g Sushi-Reis, bissfest gekocht
100 ml Kürbismus
50 ml Kokosmilch
Salz
1 Schuss Zitronensaft

ZUBEREITUNG

Mit dem Kürbismus beginnen: Hokkaidokürbis entkernen, mitsamt der Schale klein schneiden und die Stücke in wenig Wasser weich kochen. Mit Muskat und Salz abschmecken, danach mit dem Handmixer pürieren.
Für die Dattelcrème alle Zutaten in einem Mixer pürieren, danach in einen Spritzsack füllen und diesen warm stellen.
Nun den Risotto zubereiten: Den Spaghettikürbis schälen und in kleine Würfel schneiden. Pfanne erhitzen, Maiskeimöl hineingeben, Schalotten darin anschwitzen, danach die Kürbiswürfel dazugeben, 1 Minute braten. Reis beifügen, Kürbismus und Kokosmilch zugeben und weitere 2 Minuten köcheln lassen. Mit Salz und Zitronensaft abschmecken. Auf Tellern anrichten, mit Granatapfelkernen dekorieren.
Zuletzt eine weitere Pfanne heiß werden lassen, Maiskeimöl hineingeben, die Jakobsmuscheln darin beidseitig 10 Sekunden anbraten (innen bleiben sie glasig).
Die Jakobsmuscheln auf den Risotto setzen und etwas Dattelcrème daraufgeben. Mit Pfeffersalz bestreuen.

Chardonnay / Burgunder Cuvée

Erde | Kraftnahrung für das Gehirn – stärkt die Denkleistung.

MESSERMUSCHELN

MIT KRÄUTERÖL

ZUTATEN FÜR 4 PORTIONEN

500 g Messermuscheln
1 TL Limettenschale, gerieben
1 Knoblauchzehe
50 g Petersilienblätter
50 g Basilikumblätter
weißer Balsamico-Essig
200 ml Olivenöl
grobes Meersalz
2 Zitronen
Salz
4 Blätter Backpapier

ZUBEREITUNG

Muscheln putzen und 1 Stunde in Salzwasser atmen lassen, damit der Sand ausgeschwemmt wird. Danach gut abtropfen lassen.
Für das Kräuteröl Limettenschale, Knoblauch, Kräuter, Balsamico und 150 ml Olivenöl in einen Mixer geben und pürieren, beiseitestellen.
Eine Pfanne erhitzen, 50 ml Olivenöl hineingeben und die Muscheln darin 2 Minuten gut durchbraten. Aus der Pfanne nehmen, auf Backpapier legen. Mit Kräuteröl beträufeln und mit einer halben Zitrone und Salz servieren.

Tipp: Man kann die Muscheln auch direkt auf Backpapier im Ofen bei 200 °C (Oberhitze) ca. 3 Minuten grillen. Oder man umwickelt sie mit Alufolie und legt sie auf den Gartengrill.

Grauburgunder / Champagner

水

Wasser | Stärkt Yin und Yang der Nieren, beugt Erkältungen vor.

MIESMUSCHELN

IN KURKUMA-WEISSWEIN-SAUCE

ZUTATEN FÜR 4 PORTIONEN

1 kg Miesmuscheln
4–6 Schalotten
4 Knoblauchzehen
4 cm frischer Ingwer → S. 186
je 2 kleine rote und grüne Chilischoten
3–4 EL Olivenöl
Chilipulver
1/2 TL Kurkuma
3 TL Koriander
2 cl Reiswein (oder Weißwein)
Zitronensaft
Salz
frisches Koriandergrün

ZUBEREITUNG

Die Muscheln unter fließendem Wasser gut reinigen, die Bärte entfernen und bereits geöffnete Muscheln aussortieren. Schalotten und Knoblauch klein schneiden, den Ingwer fein hacken oder reiben. Chilis halbieren, entkernen und ebenfalls fein hacken. In einem geräumigen Topf Olivenöl erhitzen und die Schalotten darin gemeinsam mit Knoblauch und Ingwer hell anschwitzen. Sobald die Schalotten weich und goldgelb sind, Chilischoten und -pulver (je nach gewünschter Schärfe), Kurkuma sowie Koriander zugeben und 2 Minuten mit anrösten. Mit etwa einer Tasse Wasser ablöschen, mit Reiswein abschmecken.
Nun die Muscheln hineingeben und gut zugedeckt 5 Minuten garen. Sobald alle Schalen geöffnet sind, vom Herd nehmen. Mit etwas Zitronensaft beträufeln, nochmals durchrühren und eventuell salzen. Auf Tellern anrichten und mit grob gehacktem Koriandergrün bestreuen.

Chardonnay / Rotgipfler

FRÜHLINGSROLLE

MIT MELONE UND GARNELEN, DAZU CHAMPAGNER-MELONEN-SÜPPCHEN

ZUTATEN FÜR 4 PORTIONEN

1/2 Zuckermelone
1/2 Knoblauchzehe, gehackt
1 TL dunkles Sesamöl
8 Riesengarnelen, geschält und geputzt
1 TL Sojasauce (nicht süß!)
4 kleine Frühlingsrollen-Reisblätter (ca. A5-Größe, aus dem Asia-Shop)
4 Blätter Lollo Rosso
20 Blätter frische Minze, in Streifen geschnitten

Süppchen:
1/2 Zuckermelone
50 ml Kokosmilch
200 ml Champagner
1 Prise Salz
1 Prise Muskatnuss
1 Schuss Zitronensaft

ZUBEREITUNG

Melone entkernen, schälen und in dünne Streifen schneiden. Pfanne erhitzen, Sesamöl und Knoblauch hineingeben, danach die Riesengarnelen beifügen. Mit der Sojasauce ablöschen und warm stellen. Reisblätter 1 Minute in warmem Wasser einweichen. Herausnehmen und mit je 1 Blatt Lollo Rosso belegen. Anschließend Melonen- und Minzestreifen darüberschichten, dann je 2 Garnelen. Die Reisblätter einrollen. Mit einem feuchten Tuch bedecken, damit die Rollen nicht austrocknen.
Die Zutaten für das Süppchen mit 100 ml Champagner im Mixer gut pürieren.
Die Reisblatt-Rollen halbieren und je 2 Stück in tiefe Teller legen. Mit dem verbliebenen Champagner übergießen und sofort servieren.

Champagner / Viognier

金水

Erde und Metall | Ein perfektes Sommergericht, hilft bei trockener Haut.

SCHWARZE RAVIOLI

IN GARNELEN-KOKOS-SAUCE

ZUTATEN FÜR 4 PORTIONEN

Ravioli:
100 g Weizenmehl
1 Eigelb
1 TL Wasser
1 TL Sepia-Tinte → S. 187
Mehl zum Bestreuen
1 Schuss Olivenöl

Füllung:
100 g geputzte Garnelen
1 TL dunkles Sesamöl
Salz
Pfeffer

Garnelen-Kokos-Sauce:
250 g frische Garnelen im Ganzen
5 Schalotten
4 EL Sonnenblumenöl
1 EL dunkles Sesamöl
1 Dose Kokosmilch (330 ml)
2 Stangen Zitronengras
2 Knoblauchzehen
2 cm frischer Ingwer → S. 186
1 EL Mirin → S. 187
1 EL dunkle Sojasauce
Salz, Pfeffer
Chili in feinen Ringen und Koriandergrün zum Garnieren

ZUBEREITUNG

Für die Ravioli Weizenmehl, Eigelb, Olivenöl, Sepia und Wasser in eine Schüssel geben, gut durchkneten und 30 Minuten ruhen lassen. Nochmals durchkneten und wieder ruhen lassen. Mehrmals wiederholen. Mithilfe einer Nudelmaschine einen 1 mm dünnen Teig herstellen (wenn man keine Nudelmaschine zur Verfügung hat, mit einem Nudelholz sehr dünn ausrollen). Die Teigblätter kräftig mit Mehl bestreuen. Mithilfe eines Ausstechers (6–7 cm Durchmesser) 16 Teigkreise herstellen (4 pro Portion), diese parat halten.
Für die Füllung alle Zutaten in einem Mixer grob pürieren.
In der Mitte eines jeden Teigkreises einen halben Teelöffel Füllung platzieren, den Teigrand mit Wasser befeuchten, Teigkreis in der Mitte zusammenklappen und die Teigränder fest aneinanderdrücken (es entsteht ein Halbkreis). Die beiden Ecken des Halbkreises übereinanderlegen und mit Daumen und Zeigefinger fest zusammenpressen. Übrige Ravioli auf die gleiche Weise anfertigen und beiseitelegen.
Für die Sauce die Garnelen putzen, die Därme entfernen. Schalotten schälen und in grobe Stücke schneiden. Einen Topf erhitzen, Sesam- und Sonnenblumenöl hineingeben und Garnelen sowie Zwiebel darin 4 Minuten anschwitzen.
Die Garnelen herausnehmen, Schalen und Köpfe entfernen. Das Garnelenfleisch beiseitestellen, Schalen und Köpfe der Garnelen mit dem Fleischklopfer grob zerkleinern und wieder in den Topf geben, weitere 5 Minuten braten. Kokosmilch und zerstampfte Zitronengras-Stangen dazugeben und ca. 20 Minuten köcheln lassen, abseihen.
In einem Mixer das Garnelenfleisch, abgeseihte Garnelen-Kokos-Flüssigkeit, Knoblauch und Ingwer fein mixen, danach nur erwärmen (nicht mehr kochen). Anschließend Mirin sowie Sojasauce dazugeben, mit Salz und Pfeffer abschmecken.
Die Ravioli dämpfen (ca. 5 Minuten) oder in leicht kochendem Wasser mit Olivenöl ca. 3 Minuten garen und abseihen. Je 3 schwarze Ravioli in einem Suppenteller anrichten, Garnelen-Kokos-Sauce dazugeben und mit Chili und Koriandergrün servieren.

Tipp: Die Panzer der Garnelen geben erst dann Geschmack und Farbe ab, wenn man sie in Öl brät.

Chardonnay Reserve / Viognier

Wasser | In diesem Rezept sind viele Elemente enthalten, die Bluthochdruck entgegenwirken.

DREIERLEI GARNELEN-VARIATIONEN

IN REISTEIG
(links)

ZUTATEN FÜR 4 PORTIONEN

4 ungeschälte Garnelen
Sonnenblumenöl
4 kleine Reisblätter (aus dem Asia-Shop)
4 Minzeblätter
warmes Wasser
4 Bananenblätter (aus dem Asia-Shop)

ZUBEREITUNG

Die Garnelen so schälen, dass das Schwanzende erhalten bleibt. Darm entfernen. An der Bauchseite einen kurzen Querschnitt anbringen, damit sich die Garnele beim Frittieren nicht krümmt.
Pfanne erhitzen, Sonnenblumenöl hineingeben und die Garnelen darin anbraten, bis sie eine orange Farbe annehmen, anschließend aus der Pfanne nehmen.
Die Reisblätter mit warmem Wasser benetzen, je eine Garnele und ein Minzeblatt in die Mitte legen. Die Ecken einklappen und die Garnele darin einwickeln. Dabei die Teigränder mit wenig Wasser befeuchten und gut andrücken.
Aus den Bananenblättern Stanitzel (Tüten) formen und die Garnelen hineingeben.

IN TEMPURATEIG
(Mitte)

ZUTATEN FÜR 4 PORTIONEN

4 ungeschälte Garnelen
1 Eigelb
125 ml Wasser
6 EL Tempuramehl (aus dem Asia-Shop)
Rapsöl zum Frittieren
4 Bananenblätter (aus dem Asia-Shop)

ZUBEREITUNG

Die Garnelen so schälen, dass das Schwanzende erhalten bleibt. Darm entfernen. An der Bauchseite einen kurzen Querschnitt anbringen, damit sich die Garnele beim Frittieren nicht krümmt.
Die Garnelen in etwa 1 Esslöffel Tempuramehl wälzen. Eigelb mit Wasser und restlichem Tempuramehl verrühren. Reichlich Öl in einer Pfanne erhitzen. Die Garnelen in den Teig tauchen, ins heiße Fett legen und bei ca. 160 °C goldgelb ausbacken. Dabei zuerst die Garnelen nur bis zur Hälfte eintauchen und ca. 20 Sekunden in dieser Position festhalten, dann erst zur Gänze ins Öl gleiten lassen. Die restlichen Garnelen ebenso frittieren.
Die Garnelen anschließend herausheben und auf Küchenpapier abtropfen lassen.
Aus den Bananenblättern Stanitzel (Tüten) formen und die Garnelen hineingeben.

IN CHINESISCHER ROLLE
(rechts)

ZUTATEN FÜR 4 PORTIONEN

4 ungeschälte Garnelen
4 kleine Blätter Frühlingsrollenteig (aus dem Asia-Shop)
Rapsöl zum Frittieren
4 Bananenblätter (aus dem Asia-Shop)

ZUBEREITUNG

Die Garnelen so schälen, dass das Schwanzende erhalten bleibt. Darm entfernen. An der Bauchseite einen kurzen Querschnitt anbringen, damit sich die Garnele beim Frittieren nicht krümmt.
Die Frühlingsrollenblätter diagonal zusammenfalten und je eine Garnele in die Mitte legen. Die Ecken zueinanderklappen und die Garnele darin einwickeln. Dabei die Teigränder mit wenig Wasser befeuchten und gut andrücken.
Rapsöl in einer Pfanne erhitzen und die Garnelen darin goldgelb frittieren. Herausheben und auf Küchenpapier abtropfen lassen.
Aus den Bananenblättern Stanitzel (Tüten) formen und die Garnelen hineingeben.

Grüner Veltliner Federspiel

Wasser | Garnelen gelten in der TCM als Aphrodisiakum.

MIT GARNELEN GEFÜLLTE MANGORAVIOLI

DAZU TOPINAMBUR MIT KOKOSSAUCE

ZUTATEN FÜR 4 PORTIONEN

12 Mangoravioli
4 mittelgroße Topinambur-Knollen
4 EL Olivenöl
1 Zwiebel, gehackt
Kokossauce
100 ml Mangopüree
1/2 TL Chiliflocken
1/2 TL dunkles Sesamöl
Salz
Koriandergrün zum Garnieren

Kokossauce:
100 ml dickflüssige Kokosmilch
1 Stange Zitronengras in dünnen Scheibchen
1 frische Chilischote, gehackt
1 EL Fischsauce
1 EL Limettensaft
1 EL getrocknete Garnelen, gerieben
2 EL rote Zwiebel, gehackt
1 cm frischer Ingwer, gehackt → S. 186
1 cm frischer Galgant, gehackt → S. 186
2 Kaffir-Limettenblätter, gehackt → S. 186
1 TL Palmzucker → S. 187

Raviolifüllung:
100 g rohes Garnelenfleisch, gehackt
1/2 TL Wokgewürz → S. 180
1 EL Reiswein
1 EL Sojasauce
1 EL Dashi-Suppe → S. 176

Ravioliteig:
300 g Mehl
6 EL Mangopüree
4 Eier, 1 davon verquirlt, zum Bestreichen

ZUBEREITUNG

Für die Kokossauce alle Zutaten gut vermengen und kurz aufkochen. Warm stellen.
Für die Raviolifüllung alle Zutaten in einem Mixer gut vermischen.
Nun den Ravioliteig zubereiten: Mehl mit 3 Eiern und dem Mangopüree am besten in der Küchenmaschine zu einem geschmeidigen Teig verarbeiten. Nach Bedarf noch etwas Mangopüree einarbeiten, damit der Teig nicht zu fest wird.
Den Teig halbieren und auf einer bemehlten Arbeitsfläche zu 2 Rechtecken von je ca. 20 x 30 cm Fläche ausrollen. Eines der beiden Rechtecke zur Gänze mit dem verquirlten Ei bestreichen. Die vorbereitete Garnelenfüllung in kleinen Häufchen (jeweils ca. 1 Teelöffel) in regelmäßigen Abständen von etwa 2,5 cm auf die mit Ei bestrichene Teigfläche setzen. Dabei um die Häufchen mit der Füllung jeweils einen mindestens 1 cm breiten Streifen frei lassen. Das zweite Teigstück darüberlegen. Den Teig an den Rändern und rund um die Füllung gut andrücken. Mit einem Ravioli-Ausstecher oder einem Glas etwa 5 cm große Ravioli ausstechen. Die Ränder nochmals festdrücken, an zwei gegenüberliegenden Stellen mit Wasser befeuchten, übereinanderlegen und nochmals andrücken.
Nun Topinambur schälen und in Würfel von 1 x 1 cm Seitenlänge schneiden. Pfanne erhitzen, Olivenöl hineingeben und Zwiebel darin anschwitzen. Topinamburwürfel beifügen und 5 Minuten mit anschwitzen, danach Kokossauce dazugeben, ziehen lassen.
Wasser zum Kochen bringen, Ravioli darin köcheln lassen, bis sie an die Oberfläche steigen (ca. 3 Minuten), dann abseihen.
Pfanne erhitzen, Mangopüree, Chili, Sesamöl und die Ravioli gut durchmischen und kurz ziehen lassen. Mit Salz abschmecken.
Je 3 Ravioli auf einen Teller legen, die Kokos-Topinambur-Mischung dazugeben und mit Koriander garnieren.

Reifer Rotgipfler / Traminer

Erde und Wasser | Perfekt gegen Erschöpfung nach Arbeit und Sport.

SPANISCHE RIESENGARNELEN

MIT TOMATENSALAT

ZUTATEN FÜR 4 PORTIONEN

4 spanische Riesengarnelen
Seetang (Konbu → S. 187)
Olivenöl zum Braten
4 Jungzwiebeln, in feinen Ringen
12 Zitronenscheiben

Tomatensalat:
150 g Kirschtomaten
4 rote Pfefferoni
10 Basilikumblätter
1 Knoblauchzehe, gehackt
1 Schalotte, gehackt
4 EL Olivenöl
Saft einer Zitrone
Salz, Pfeffer

ZUBEREITUNG

Die Garnelen entlang des Rückens einschneiden (nicht durchschneiden) und die Därme entfernen. Kopf am Körper lassen. Seetang in kaltem Wasser 1 Stunde einweichen.
Tomaten und Pfefferoni in kleinere Stücke schneiden und Basilikumblätter zupfen, danach mit Knoblauch, Schalotte, Olivenöl und Zitronensaft gut vermischen und mit Salz und Pfeffer abschmecken.
Pfanne erhitzen, Olivenöl hineingeben, die Garnelen darin auf jeder Seite 2 Minuten anbraten und zugedeckt eine weitere Minute ziehen lassen.
Den Seetang auf Tellern drapieren, jeweils 1 Garnele darauflegen, mit Tomatensalat umkränzen, Jungzwiebel darüberstreuen, mit Zitronenscheiben garnieren und servieren.

Reifer Grüner Veltliner

Holz und Wasser | Entspannt und fördert die Libido.

HAPPY BIRTHDAY

SUSHI-TORTE

ZUTATEN FÜR 1 TORTE (6–8 PORTIONEN)

ca. 800 g gekochter Sushi-Reis (lauwarm), mit 100 ml Sushi-Essig mariniert
1 kg Garnelen ohne Kopf
5 EL gerösteter Sesam (Gomasio)

Füllung:
5 Blätter Seetang (Nori → S. 187)
1 rote Zwiebel, gehackt
1 Knoblauchzehe, gehackt
2 EL dunkles Sesamöl
6 EL dunkle Sojasauce
3 EL Reiswein

Garnitur:
Salat
frische Kräuter, gehackt
4 EL Teriyakisauce
Pinsel
Kerzen

🍷 Muskateller / Leichter Grüner Veltliner

ZUBEREITUNG

Für die Füllung die Nori-Blätter klein schneiden und mit den restlichen Zutaten 30 Minuten ziehen lassen, die Masse anschließend gut durchkneten.
Wasser in einem Topf zum Kochen bringen. Garnelen schälen und, beginnend von der Kopfseite, die Därme vorsichtig entfernen. Nicht einschneiden! Dann je einen Zahnstocher in die Bauchseite der Garnelen stecken und die Garnelen in Wasser kochen, bis sie sich orange färben (ca. 2–3 Minuten). Danach sofort in Eiswasser abkühlen. Zahnstocher entfernen, an der Bauchseite einschneiden und aufklappen. Es entsteht ein flaches Filetstück. Alle Garnelen bis auf 3 Stück mit der orangen Hautseite nach unten kreisförmig in eine Torten-Springform (ca. 20 cm Durchmesser) legen. Darauf die Hälfte der Reismenge verteilen und gut andrücken. Die Füllung nun zur Gänze auf der Reisschicht verteilen, mit dem restlichen Reis bedecken und für ca. 1 Stunde mit einem Gewicht beschweren.
Danach den Ring der Tortenform lösen, die Torte stürzen, sodass sich die Garnelen an der Oberseite befinden. Den Rand der Torte mit Gomasio bestreuen und dieses festdrücken.
Die 3 übrigen Garnelen in Rosenblütenform eindrehen und mittig auf der Torte platzieren (evtl. mit einem Zahnstocher fixieren). Die Oberseite der Torte mit Teriyakisauce bestreichen und mit Kerzen, Salat und gehackten frischen Kräutern dekorieren.

Wasser und Erde | Geburtstagsgeschenk für müde Ehemänner!

GEGRILLTES SEPIAFILET

MIT POMELO-GARNELEN-SALAT

ZUTATEN FÜR 4 PORTIONEN

2 ganze Sepien
1 Pomelo
1 EL getrocknete Garnelen
2 Stangen Zitronengras
4 rote Zwiebeln
1 Jungzwiebel
je 1 grüner und rote Pfefferoni
4 Kaffir-Limettenblätter → S. 186
2 Knoblauchzehen, klein gehackt
3 EL Fischsauce
2 EL Limettensaft
1 EL Palmzucker → S. 187
2 EL sehr fruchtiges Olivenöl
frisches Koriandergrün zum Garnieren

ZUBEREITUNG

Die Sepia-Tinte (wenn vorhanden) auswaschen, Sepien putzen und die Haut abziehen. Pomelo schälen, in Spalten teilen, die feine Haut abziehen, in kleine Stücke schneiden und beiseitelegen.
Die Garnelen in etwas Wasser einweichen. Zitronengras putzen, den Strunk sowie den oberen Teil entfernen und den Rest in sehr dünne schräge Ringe schneiden. Rote Zwiebeln schälen, halbieren und in feine Streifen, Jungzwiebel in feine Ringe schneiden. Die Pfefferoni waschen und ebenfalls in feine schräge Ringe schneiden. Jungzwiebel und Zwiebel in kaltes Wasser einlegen (nimmt die Schärfe), danach abseihen und beiseitestellen. Die Kaffir-Limettenblätter in feine Streifen schneiden. In einem Mörser (oder Mixer) Knoblauch, Limettensaft, Fischsauce, Kaffir-Limettenblätter, Palmzucker und die eingeweichten Garnelen fein zerstoßen bzw. gut durchmixen. Nun die Pomelostückchen, die Garnelen-Gewürz-Paste, Zitronengras, Jungzwiebel, rote und grüne Pfefferoni sowie die roten Zwiebeln in eine Schüssel geben und alles behutsam durchmischen. Die Sepien in dünne Scheiben schneiden und bei 220 °C (Oberhitze) 2 Minuten grillen. Anschließend Olivenöl darüberträufeln. Den Pomelo-Garnelen-Salat auf Tellern verteilen und die Sepiascheiben daneben anrichten. Mit Koriander bestreuen und servieren.

🍷 Grauburgunder / Morillon

Wasser und Feuer | Harmonie zwischen diesen Elementen bedeutet, die Energie von Yin und Yang in Balance zu halten.

MIT APFELKREN GEFÜLLTE CALAMARI

DAZU SPARGELRISOTTO

ZUTATEN FÜR 4 PORTIONEN

4 Calamari (à ca. 100 g)
Saft einer Zitrone
2 EL Apfelsaft
Salz
1 Apfel, Sorte Pink Lady
2 EL Kren (Meerrettich), frisch gerieben
Olivenöl

Risotto:
4 grüne Spargelstangen
1 EL Sonnenblumenöl
1 EL Zwiebel, gehackt
200 g Sushi-Reis, bissfest gekocht
50 ml Spargelfond → S. 176
50 ml Kokosmilch
Salz
1 Spritzer Zitronensaft
1 Eigelb

ZUBEREITUNG

Calamari putzen, Haut abziehen, die Tentakel abschneiden, abtropfen lassen. Zitronen-, Apfelsaft und Salz gut durchmischen. Apfel schälen und raspeln und sofort in die Zitronen-Apfelsaft-Mischung legen (sonst wird der Apfel braun). Kren untermischen, 5 Minuten warm stellen.
Die geputzten Calamari mit Apfelkren füllen (nicht ganz voll) und beiseitelegen.
Vom Spargel die Spitzen abschneiden, beiseitestellen, die Stangen putzen und klein würfeln.
Pfanne erhitzen, Sonnenblumenöl hineingeben, Zwiebel darin anschwitzen und die Spargelwürfel dazugeben, 1 Minute weiter braten. Reis, Suppe sowie Kokosmilch zum Spargel geben und mit Salz und Zitronensaft abschmecken. Eigelb untermischen, auf Tellern verteilen.
2 Pfannen erhitzen, Olivenöl hineingeben, in der einen die Calamari samt Tentakeln, in der anderen die Spargelspitzen ca. 1 Minute braten.
Die Calamari aus der Pfanne nehmen, in der Mitte durchschneiden auf den Risotto legen, mit Tentakeln und Spargelspitzen garnieren.

Gehaltvoller Sauvignon Blanc / Roter Veltliner

金水

Metall und Wasser | Verhilft zu strahlender Haut und glänzendem Haar.

OKTOPUS SÜSS-SAUER

DAZU ANANAS-FENCHEL-SALAT

ZUTATEN FÜR 4 PORTIONEN

1 geputzter Oktopus (ca. 500 g)
150 g Stärkemehl
Öl zum Frittieren
5 EL Papaya-Chili-Sauce → S. 182
4 EL Sushi-Essig
1 EL Limettensaft
2 EL Sojasauce

Salat:
1 reife Ananas
2 Fenchelknollen
Saft einer Zitrone
3 EL Sushi-Essig
1 Prise Salz
1 Prise Palmzucker (wenn die Ananas nicht sehr reif ist) → S. 187
1 kleiner Bund Zitronenmelisse
evtl. Chili in feinen Ringen zum Garnieren

ZUBEREITUNG

Für den Salat Ananas schälen, halbieren (senkrecht), Strunk entfernen und mit einem Hobel 1 mm dünn hobeln. Fenchel waschen, halbieren, in der gleichen Weise hobeln.
Restliche Zutaten mit Ananas und Fenchel in eine Schüssel geben und gut durchmischen.
Oktopus in einem Topf gut mit Wasser bedeckt ca. 1,5 Stunden lang weich kochen, abkühlen lassen. Oktopus in mundgerechte Stücke schneiden und in Stärkemehl wenden. In einer Pfanne reichlich Öl erhitzen, Oktopus darin frittieren und anschließend auf Küchenpapier abtropfen lassen.
In einer weiteren Pfanne Papaya-Chili-Sauce, Sushi-Essig, Limettensaft und Sojasauce vermischen und erwärmen. Frittierten Oktopus in der Flüssigkeit durchschwenken.
Ananas-Fenchel-Salat auf einem Teller anrichten und den warmen Oktopus darauf platzieren. Mit Zitronenmelisse und Chiliringen (je nach gewünschter Schärfe) garnieren.

Zierfandler / Rotgipfler

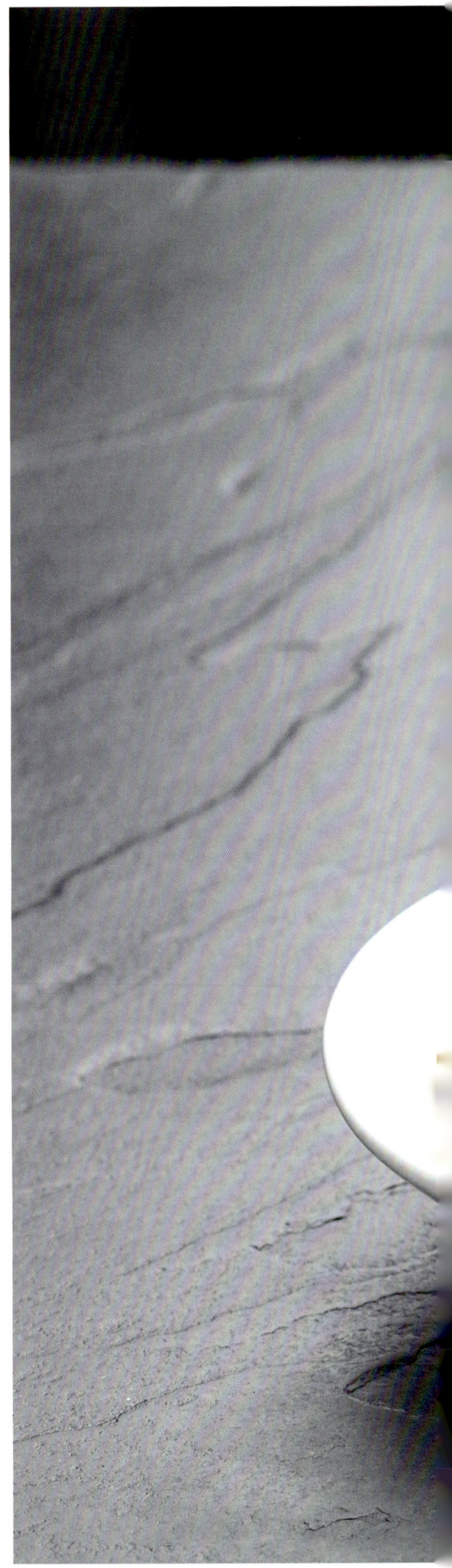

Metall | Besonders gut für „hitzige Gemüter“.

OKTOPUS

MIT ANANAS UND TASMANISCHEM PFEFFER

ZUTATEN FÜR 4 PORTIONEN

4 gepresste Oktopusscheiben, 8 x 10 x 1 cm (im Ganzen 1 kg Oktopus, evtl. 2 Stück à 500 g)
8 Scheiben einer frischen Ananas
2 EL Kartoffelstärke
2 EL Papaya-Chili-Sauce → S. 182
1 Handvoll gemischte frische Kräuter
1 TL dunkles Sesamöl
1 TL Sushi-Essig
1 TL tasmanischer Pfeffer, grob geschrotet
Olivenöl

Risotto:
100 g Sushi-Reis, gekocht
restliche Ananas
1 cm frischer Galgant, gehackt → S. 186
3 EL Olivenöl
1 TL Fischsauce
100 ml Kokosmilch
1 TL Zitronengras, gehackt
1 frische Chilischote
1 EL Zwiebel, geröstet

Erdnussbutter-Garnitur:
1 EL Erdnussöl
1 EL heißes Wasser
1 TL Fischsauce
1/2 TL Wokgewürz → S. 180
1/2 TL getrockneter Chili, gerieben

ZUBEREITUNG

Alle Zutaten für die Erdnussbutter-Garnitur gut vermengen, beiseitestellen.
Für die gepressten Oktopus-Scheiben Kopf des Oktopus abtrennen. 2 Tentakel beiseitelegen, die übrigen Tentakel ca. 1,5 Stunden in (ungesalzenem) Wasser kochen, herausnehmen, in eine Kastenform (ca. 8 x 10 cm) möglichst dicht einschlichten und über Nacht mit Gewichten beschweren. Kühl stellen. Am nächsten Tag mit einer Brotschneidemaschine vorsichtig in 1 cm breite Scheiben schneiden und wieder in den Kühlschrank stellen.
Ananas schälen. Strunk mithilfe eines Ananasmessers entfernen. Von der Ananas 8 Scheiben in 0,5 cm Stärke abschneiden. Die restliche Ananas für die Risotto-Zubereitung verwenden.
Für den Risotto alle Zutaten bis auf den Reis fein pürieren. In einer Pfanne 2/3 davon mit dem Reis ziehen lassen, bis die gewünschte Risotto-Konsistenz erreicht ist (das restliche Drittel der Sauce nach Bedarf beifügen).
Die beiden Oktopustentakel in 12 mundgerechte Stücke schneiden und in Kartoffelstärke wälzen. In einer heißen Pfanne Olivenöl erhitzen und die Oktopusstücke darin braten, auf Küchenpapier abtropfen lassen. Anschließend in 2 Esslöffel Papaya-Chili-Sauce wenden, beiseitestellen.
Eine weitere Pfanne heiß werden lassen, Olivenöl erhitzen, die Ananasscheiben darin goldbraun braten, anschließend warm stellen.
Oktopusscheiben vorsichtig in Kartoffelstärke wenden. Noch eine Pfanne erhitzen, Olivenöl hineingeben und die Oktopusscheiben darin braten, auf Küchenpapier abtropfen lassen.
Auf viereckigen Tellern mit einem breiten Pinsel je einen waagrechten Streifen Erdnussbutter-Garnitur auftragen.
Je 1 Scheibe Ananas links und rechts auf dem Teller platzieren. In die Mitte eine Oktopusscheibe legen.
In das Loch der linken Ananasscheibe Kräuter (vermischt mit Sesamöl und Sushi-Essig) füllen, über das Loch der rechten Ananasscheibe mit einem Eisportionierer eine Kugel Risotto setzen.
Auf die Kräuter, die Oktopusscheibe und den Risotto je ein Stück Oktopustentakel setzen. Zum Schluss mit tasmanischem Pfeffer bestreuen.

Deutscher Riesling Mosel

OKTOPUS-MILLE-FEUILLE

MIT GEBRATENER WASSERMELONE

ZUTATEN FÜR 4 PORTIONEN

8 gepresste Oktopusscheiben, 8 x 10 x 0,5 cm (im Ganzen 1 kg Oktopus, evtl. 2 Stück à 500 g)
8 Scheiben Wassermelone, 8 x 10 x 0,5 cm
Olivenöl
4 EL Kartoffelstärke
8 EL Feigen-Senf-Sauce → S. 183
1 frische Wasabiwurzel (oder Kren/Meerrettich)
1 frische Chilischote, gehackt
2 EL Korianderblätter, gezupft

ZUBEREITUNG

Für die gepressten Oktopusscheiben Kopf des Oktopus abtrennen. Tentakel ca. 1,5 Stunden in (ungesalzenem) Wasser kochen, herausnehmen, in eine Kastenform (ca. 8 x 10 cm) möglichst dicht einschlichten und über Nacht mit Gewichten beschweren. Kühl stellen. Am nächsten Tag mithilfe einer Brotschneidemaschine vorsichtig in 0,5 cm breite Scheiben schneiden und wieder in den Kühlschrank stellen.
Pfanne heiß werden lassen. Die entkernten Wassermelonenscheiben in wenig Olivenöl beidseitig anbraten.
Oktopusscheiben vorsichtig in Kartoffelstärke wenden und gleichfalls bei großer Hitze in Olivenöl beidseitig anbraten.
Auf Küchenpapier abtropfen lassen.
Eine Wassermelonen-Scheibe auf einen Teller legen, mit Feigen-Senf-Sauce beträufeln, darauf den Oktopus platzieren und wiederum etwas Feigen-Senf-Sauce darüberträufeln. Dann mit einer Wassermelonen-Scheibe bedecken, mit Feigen-Senf-Sauce beträufeln und mit Oktopus abschließen. Noch einmal mit Feigen-Senf-Sauce bestreichen.
Wasabiwurzel waschen und in dünne Streifen schneiden.
Die letzte Schicht des Oktopus mit Wasabistreifen, Chili und Koriandergrün garnieren und servieren.

🍷 Viognier

金水

Metall und Wasser | Stärkt die Abwehrkräfte.

QUINOA-PAELLA

MIT MEERSFRÜCHTEN

ZUTATEN FÜR 4 PORTIONEN

3 kleine Zwiebeln
150 g Quinoa → S. 187
300 ml Hühner- oder Gemüsefond → S. 176
3 Knoblauchzehen
je 2 rote und grüne Pfefferoni
6 Kaffir-Limettenblätter → S. 186
1 Jungzwiebel
100 g frische Garnelen (ohne Kopf)
100 g frische Calamari
200 g Miesmuscheln
1 Packung Safran (ca. 1 g)
1 Dose Kokosmilch (330 ml)
Fischsauce zum Abschmecken
1 frische Chilischote, in feinen Ringen
5 EL Olivenöl
Salz, Pfeffer
Zitronenspalten zum Garnieren

ZUBEREITUNG

Zwiebeln schälen und waschen, klein würfelig schneiden. 2 Esslöffel Olivenöl in einer Pfanne oder einem Topf erhitzen, Zwiebel darin anschwitzen.
Quinoa in die Pfanne geben, gut mit dem Zwiebel vermischen, 1 Minute mitbraten, dann mit Hühner- oder Gemüsefond aufgießen. Herd abdrehen und Quinoa ca. 15 Minuten ziehen lassen.
In der Zwischenzeit Knoblauch fein hacken, rote und grüne Pfefferoni in dünne schräge Ringe schneiden sowie Kaffir-Limettenblätter halbieren. Jungzwiebel putzen, waschen, in schräge Scheibchen schneiden und für die Garnitur beiseitestellen.
Garnelen am Rücken einschneiden und die Därme entfernen. Calamari putzen und waschen, Miesmuscheln ebenfalls putzen, Safranfäden in 100 ml heißem Wasser einweichen.
Eine zweite Pfanne erhitzen, Olivenöl hineingeben, Calamari, Garnelen, Miesmuscheln ca. 1 Minute braten, Pfefferoni, Knoblauch und Limettenblätter dazugeben. Anschließend Kokosmilch und Safranwasser beifügen und mit Fischsauce und frischem Chili sowie Salz und Pfeffer abschmecken. 2 Minuten weiterköcheln. Calamari, Garnelen und Miesmuscheln mit Quinoa vermengen und ca. 5 Minuten ziehen lassen. Jungzwiebel untermischen, mit Zitronenspalten garnieren und servieren.

Erde | Eine gute Alternative für Menschen mit Weizen-Unverträglichkeit.

🍷 Weißburgunder / Grauburgunder

SEEZUNGE

MIT AMARANTRISOTTO

ZUTATEN FÜR 4 PORTIONEN

4 Seezungenfilets ohne Haut
1 kleine reife Papaya
50 g Amarant → S. 186
3 Schalotten, gehackt
1 EL dunkles Sesamöl
100 ml Kokosmilch
1 TL Wokgewürz → S. 180
2 EL Fischsauce
1 Schuss Zitronensaft
2 EL Pflanzenöl
4 EL Bärlauchöl → S. 183
4 EL Thaibasilikumpaste
4 EL Anchovissauce
Pfeffer
Salz

Anchovissauce:
50 g Anchovis (Sardellenfilets)
1 EL Zwiebel, geröstet
1 TL Wokgewürz → S. 180
50 ml Kokosmilch
1 Eigelb

Thaibasilikumpaste:
1 EL Thaibasilikumsamen
80 ml Apfelsaft
2 EL Himbeermark
Salz
1/2 TL Chilipulver

ZUBEREITUNG

Für die Anchovissauce alle Zutaten in einem Mixer gut pürieren, warm halten, nicht kochen.
Für die Thaibasilikumpaste die Thaibasilikumsamen im Apfelsaft für 30 Minuten einweichen, alle restlichen Zutaten dazugeben, gut durchmischen und warm stellen.
Nun die Papaya schälen und mithilfe eines Sparschälers das Fruchtfleisch in dünne Streifen schneiden. Die Papayastreifen auf die Hautseite der Seezungenfilets legen, diese einrollen und beiseitestellen.
Amarant in Wasser kochen, bis er durch ist (ca. 20 Minuten, es entsteht eine dicke Masse). Schalotten in Sesamöl anlaufen lassen. Anschließend Kokosmilch, Wokgewürz, Fischsauce sowie Zitronensaft dazugeben und 2 Minuten leicht köcheln lassen. Mit Pfeffer und Salz abschmecken.
Eine beschichtete Pfanne heiß werden lassen, wenig Pflanzenöl hineingeben, die Seezungenröllchen einlegen, dann ca. 2 Esslöffel Wasser zugeben und zugedeckt auf kleiner Flamme 5 Minuten ziehen lassen.
Anschließend 1 Esslöffel Amarantmasse auf einen Teller geben und 1 Esslöffel Anchovissauce, 1 Esslöffel Thaibasilikumpaste, 1 Esslöffel Bärlauchöl dazugeben und zum Schluss die Seezunge daraufsetzen.

Chardonnay / Pinot Gris

SEEZUNGE

IM CEDRI-PÄCKCHEN À LA RENATE

ZUTATEN FÜR 4 PORTIONEN

4 Seezungenfilets
4 EL Pinienkerne
4 Zweige Rosmarin
4 Zweige Zitronenthymian
1 rote Zwiebel
1 Fenchelknolle
8 Kirschtomaten
2 Cedri-Zitronen → S. 186
12 Stück rohe Schupfnudeln (→ S. 124, mit normaler Kartoffelsorte zubereitet)
1 EL Berberitzen, getrocknet → S. 186
1 kleiner Zweig frischer Koriander
Szechuan Pfeffersalz (Kim kocht „Shop & Studio", alternativ grobes Meersalz)
100 ml fruchtiges Olivenöl
4 Blätter Backpapier (à 30 x 20 cm)

ZUBEREITUNG

Pinienkerne in einer Pfanne ohne Fett rösten und grob reiben. Rosmarinnadeln zupfen und fein hacken. Blätter des Zitronenthymians ebenfalls abzupfen. Rote Zwiebel klein würfeln. Den Fenchel sehr fein hacken. Die Kirschtomaten vom Stielansatz befreien und in kleine Würfel schneiden. Zitronen in 2–3 mm dünne Scheiben schneiden.
Backpapier auflegen, darauf 5 Zitronenscheiben und 1 Seezungenfilet legen. Das Backpapier wie ein Päckchen verschließen. Die übrigen Filets ebenso „verpacken".
Die gefüllten Päckchen im Ofen bei 180 °C (Umluft) 6 Minuten garen.
Schupfnudeln in 0,5 cm breite Scheiben schneiden, in Salzwasser kurz köcheln lassen, abseihen und warm stellen.
Sobald der Fisch fertig ist, die Päckchen öffnen, alle klein gehackten Zutaten über den Fisch streuen, ebenso Berberitzen, Pinienkerne und Kräuter, mit Olivenöl beträufeln, einige Schupfnudel-Scheiben dazugeben.
Zum Schluss eine Prise Szechuan Pfeffersalz darüberstreuen und mit Koriandergrün garnieren.

Renate Vlk brachte mir Cedri-Zitronen aus Mailand – und damit kam die Idee zu diesem Gericht.

Grüner Veltliner / Rotgipfler

SEEZUNGE

MIT VIOLETTEM KARTOFFELPÜREE UND XO-SAUCE

ZUTATEN FÜR 4 PORTIONEN

4 Seezungenfilets ohne Haut
1 kg violette Kartoffeln
100 ml Kokosmilch
1/2 Knoblauchzehe, gehackt
4 EL Sonnenblumenöl
1 Prise Muskatnuss
Salz
4 EL XO-Sauce → S. 182
4 Kaffir-Limettenblätter → S. 186
Schnittlauchröllchen zum Garnieren

ZUBEREITUNG

Für das Püree Kartoffeln mitsamt der Schale in Salzwasser weich kochen, danach – ebenfalls mit der Schale (für eine intensivere Farbe) – durch eine Kartoffelpresse drücken.
Die Kartoffelmasse gut mit Kokosmilch, Knoblauch, Sonnenblumenöl und Muskatnuss vermischen, evtl. mit Salz abschmecken, anschließend warm stellen.
Die Seezungenfilets nacheinander locker um den Zeigefinger wickeln. Jeweils ein Kaffir-Limettenblatt in die Mitte der Rolle stecken und diese mit XO-Sauce füllen.
Die Rolle mit einem Zahnstocher fixieren, mit den übrigen Filets ebenso verfahren.
Eine Pfanne erhitzen, die Seezungenrollen hineingeben, 1 Esslöffel Wasser beifügen und 3 Minuten zugedeckt garen lassen.
Etwas Püree auf einen Teller geben, Seezungenrolle daraufsetzen evtl. mit Schnittlauch garnieren.

🍷 Grauburgunder / Roter Veltliner

GEDÄMPFTER HEILBUTT

IM DIM-SUM-BLATT

ZUTATEN FÜR 4 PORTIONEN

1 Zwiebel
1 Karotte (Möhre)
1 Rettich
1 Zucchini
5 Mu-Err-Pilze, eingeweicht → S. 187
500 g Heilbuttfilet
12 Dim-Sum-Blätter (ca. 8 cm Durchmesser, aus dem Asia-Shop)
Muffinform (4 cm Durchmesser)
Öl zum Bestreichen
100 g Blattspinat
4 EL dunkles Sesamöl
4 EL Sonnenblumenöl
5 EL Sojasauce
1 EL Reiswein
2 EL Sushi-Ingwer, gehackt (Kim kocht „Shop & Studio)
1 Knoblauchzehe, gehackt
1 TL gerösteter Sesam (Gomasio)
frischer Koriander

Erde und Metall | Aktiviert das Qi im Magen- und Darmtrakt.

ZUBEREITUNG

Zwiebel schälen und klein würfeln. Karotte sowie Rettich waschen und schälen. Zucchini, Karotte und Rettich klein würfeln, die Mu-Err-Pilze ebenfalls klein schneiden.
Den Heilbutt in 12 Stücke schneiden. Ein Dim-Sum-Blatt auf die offene Handfläche legen, in der Mitte 1 Stück Heilbutt platzieren, leicht andrücken. Die Hand schließen, sodass das Dim-Sum-Blatt sich um den Fisch schließt, oben aber noch leicht offen steht. In die Vertiefung eines eingeölten Muffinblechs setzen. Mit den weiteren Heilbutt-Stücken ebenso verfahren. Fisch im Dampfgarer bei 90 °C ca. 4 Minuten dämpfen (ersatzweise mithilfe eines Dampfeinsatzes).
Spinat waschen und abtropfen lassen. Eine Pfanne heiß werden lassen, Sesamöl hineingeben, den Spinat 10 Sekunden darin zusammenfallen lassen und anschließend auf Tellern verteilen. Eine weitere Pfanne mit Sonnenblumenöl erhitzen, Zwiebel darin 1 Minute anschwitzen (evtl. mit wenig Zucker karamellisieren), mit Sojasauce und Reiswein ablöschen, anschließend die kleinen Gemüse- und Pilzstücke dazugeben und weitere 2 Minuten dünsten. Zum Schluss Sushi-Ingwer, Knoblauch sowie dunkles Sesamöl beifügen und abschmecken. Heilbutt-Dim-Sum aus dem Dampfgarer nehmen, je 3 Dim Sum auf dem Spinat platzieren.
Die Gemüsemischung dazugeben, mit Sesam und Koriander garnieren und servieren.

Grüner Veltliner

HEILBUTT

MIT CHAMPAGNERLINSEN AUF BALINESISCHE ART

ZUTATEN FÜR 4 PORTIONEN

4 Heilbuttfilets à 120 g
4 Bananenblätter in A4-Größe (aus dem Asia-Shop)
wenig Sonnenblumenöl
2 Schalotten, gehackt
200 g Champagnerlinsen → S. 186
1 TL Madras-Currypulver
2 cm frischer Ingwer, gehackt → S. 186
300 ml Gemüsefond → S. 176
200 ml Kokosmilch
1 EL Balsamico-Essig
3 EL Fischsauce
1 EL Wokgewürz → S. 180
evtl. frisches Koriandergrün

Tomaten-Gewürz-Mischung:
2 Tomaten
3 Schalotten
8 EL Bali-Gewürzmischung → S. 180
2 EL Fischsauce
Saft einer Zitrone
Sonnenblumenöl

ZUBEREITUNG

Für die Tomaten-Gewürz-Mischung
2 Tomaten und 3 Schalotten klein würfeln. Pfanne mit Sonnenblumenöl erhitzen und die Schalotten darin anschwitzen. Die Bali-Gewürzmischung beifügen, Fischsauce, Zitronensaft und Tomaten dazugeben, 5 Minuten weiter rühren.
1 Esslöffel der Tomaten-Gewürz-Mischung in die Mitte eines Bananenblatts setzen, Heilbuttfilet darauflegen, einen weiteren Esslöffel der Mischung darübergeben und das Bananenblatt zuklappen. Alle Filets auf diese Weise „einpacken". Eine Pfanne erhitzen und die Fischpäckchen darin 6 Minuten zugedeckt ziehen lassen.
Eine Kasserolle erhitzen, Sonnenblumenöl hineingeben, 2 Schalotten darin leicht anschwitzen, nun die Linsen beifügen und 1 Minute rühren. Madras-Currypulver und Ingwer dazugeben und 1 weitere Minute rühren, anschließend mit Gemüsefond und Kokosmilch ablöschen. Ca. 20 Minuten köcheln lassen, dabei ständig umrühren und gegen Ende der Garzeit mit Balsamico, Fischsauce und Wokgewürz abschmecken. Die Linsen auf Tellern anrichten, die Fischpäckchen darauflegen und unmittelbar vor dem Servieren aufschneiden. Evtl. mit Koriandergrün garnieren.

Champagner Rosé / Deutscher Riesling

BABY-SEETEUFEL

MIT KORIANDERPESTO

ZUTATEN FÜR 4 PORTIONEN

2 Baby-Seeteufel im Ganzen (ohne Kopf und Haut)
8 EL Korianderpesto → S. 178
50 g Parmesan
2 Bananenblätter in A4-Größe (aus dem Asia-Shop)

ZUBEREITUNG

Baby-Seeteufel putzen, entlang der Mittelgräte beidseitig einschneiden, danach mit Korianderpesto bestreichen. Mit dem zweiten Seeteufel ebenso verfahren. Bananenblätter auf ein Backblech legen, die Seeteufel darauflegen. Im vorgeheizten Ofen bei 190 °C ca. 10 Minuten grillen. Seeteufel auf Teller legen, Parmesan darüberhobeln und servieren.

Ein sensationelles Partygericht: wenig Arbeit – große Wirkung.
Mit Chilinudeln oder gebratenen Kartoffeln servieren.

🍷 Sauvignon Blanc / Grüner Veltliner

木水

GEBACKENE SEETEUFELWANGEN

MIT GRÜNEM SPARGELSALAT

ZUTATEN FÜR 4 PORTIONEN

8 Stangen grüner Spargel
4 Seeteufelwangen
5 EL Tempuramehl (aus dem Asia-Shop)
etwas Wasser
1 Ei
Salz
2 EL Kokosflocken
2 EL Cornflakes
Rapsöl zum Frittieren

Salatdressing:
1 rote Zwiebel, gehackt
2 EL steirisches Kürbiskernöl
1 Knoblauchzehe, gehackt
1 cm frischer Ingwer, gehackt
→ S. 186
4 EL Sushi-Essig
2 EL Erdnussöl

ZUBEREITUNG

Vom grünen Spargel die Spitzen für die Garnitur abschneiden. Den holzigen Strunk wegschneiden und die Spargelstangen mit einem Sparschäler in dünne Streifen hobeln (sie sollen wie Bandnudeln aussehen). Davon je 2 Stück in Form von Nudelnestern locker zusammendrehen.
Für das Salatdressing alle Zutaten in einer Schüssel gut vermengen.
Seeteufel von der Haut befreien. 4 Esslöffel Tempuramehl mit Wasser, Ei und Salz zu einem glatten Teig rühren.
Seeteufel in 1 Esslöffel Tempuramehl wälzen. Dann kurz in den Teig tauchen, anschließend in Kokosflocken und Cornflakes wenden und bei 160 °C in heißem Öl 2–3 Minuten frittieren.
Seeteufelfilets schräg durchschneiden, sodass Dreiecke entstehen. Diese auf Tellern anrichten. Spargelnester danebensetzen und mit dem Dressing beträufeln.
Die Spargelspitzen in einer heißen Pfanne mit etwas Pflanzenöl braten, den Seeteufel damit garnieren und servieren.

Reifer Sauvignon Blanc / Reifer Burgunder

SEETEUFEL

IN WASABI-HONIG-MANTEL

ZUTATEN FÜR 4 PORTIONEN

400 g Seeteufelfilet
2 EL Wasabipaste (aus dem Asia-Shop)
1/2 TL Salz
100 g Waldhonig
Rapsöl zum Frittieren
100 g geschälte Pistazien, klein gehackt
70 g Mandelblättchen, geröstet
50 g gerösteter Sesam (Gomasio)
2 EL Tempuramehl (aus dem Asia-Shop)

Backteig:
100 g Tempuramehl (aus dem Asia-Shop)
kaltes Wasser
2 Eigelb

Garnitur:
2 EL Sonnenblumenöl
1 Schalotte, fein gehackt
je 1 TL Knoblauch und Ingwer, gehackt
1 EL Shushi-Essig
1 EL Reiswein
1 EL schwarze Bohnenpaste (aus dem Asia-Shop)
1 frische Chilischote

ZUBEREITUNG

Mit der Garnitur beginnen: Eine Pfanne mit Sonnenblumenöl erhitzen, Schalotte, Knoblauch und Ingwer ca. 2 Minuten darin anlaufen lassen, mit Sushi-Essig und Reiswein ablöschen und weitere 2 Minuten dünsten. Anschließend die schwarze Bohnenpaste dazugeben und beiseitestellen.
Alle Zutaten für den Backteig miteinander vermengen und glatt rühren.
Für den Fisch Wasabipaste mit Salz vermischen, danach mit Waldhonig abrühren. Seeteufel in 12 Stücke schneiden. Diese mit 2 Esslöffel Tempuramehl gut vermischen (am besten in einen Gefrierbeutel geben, verschließen und gut durchschütteln), danach in den Backteig tauchen und im sehr heißen Öl ca. 3 Minuten frittieren. Auf Küchenpapier abtropfen lassen.
Die Fischstückchen mit Wasabi-Honig-Sauce bestreichen und jeweils 4 Stück in gehackten Pistazien, 4 Stück in Mandeln und 4 Stück in Sesam wälzen.
Mithilfe eines Löffels oder eines Pinsels einen breiten Strich Garnitur-Sauce auf einen Teller „malen“. Darauf jeweils ein Stück Seeteufel mit Pistazien, Mandeln und Sesam anrichten. Evtl. mit Chiliringen garnieren. Mit den übrigen Portionen ebenso verfahren.

🍷 Grüner Veltliner / Riesling

Metall und Wasser | Dieses Gericht bringt nicht nur Genuss, sondern stärkt auch die Immunabwehr.

GEDÄMPFTER WINTERKABELJAU

MIT INGWER-VINAIGRETTE UND JUNGZWIEBEL

ZUTATEN FÜR 4 PORTIONEN

4 Stück Winterkabeljau (Skrei) à 120 g
4 Jungzwiebeln
1 kleiner Bund Koriandergrün
Chilifäden
2 EL dunkles Sesamöl
Szechuan Pfeffersalz (Kim kocht „Shop & Studio", alternativ grobes Meersalz)

Ingwer-Vinaigrette:
2 cm frischer Ingwer, gehackt → S. 186
2 EL Reiswein
2 EL Sushi-Essig
4 EL dunkles Sesamöl

ZUBEREITUNG

Jungzwiebeln putzen, in feine Streifen schneiden und 30 Minuten in kaltes Wasser legen, anschließend abtropfen lassen. Mit Chilifäden und gezupften Korianderblättern vermischen.
Den Fisch bei 90 °C im Dampfgarer 5 Minuten dämpfen.
Inzwischen eine Pfanne heiß werden lassen, Sesamöl darin erhitzen. Jungzwiebel-Chili-Koriander-Mischung 2 Sekunden (!) darin durchrühren.
Für die Vinaigrette alle Zutaten vermengen.
Fischfilets auf Tellern anrichten. Jungzwiebel-Chili-Koriander-Mischung in der Vinaigrette schwenken, dann auf dem Fisch anrichten. Mit Szechuan Pfeffersalz garnieren.

🍷 Junger Grüner Veltliner / Gemischter Satz

ST. PETERSFISCH

MIT WARMEM MANGO-LINSEN-SALAT

ZUTATEN FÜR 4 PORTIONEN

4 Petersfischfilets
200 g braune Linsen
2 reife Mangos (nicht überreif!)
4 Schalotten
2 Jungzwiebeln
1 EL Pinienkerne, trocken geröstet
4 EL Olivenöl
Ingwersalz (Kim kocht „Shop & Studio")

Marinade:
3 EL Papaya-Chili-Sauce → S. 182
1 Knoblauchzehe, gehackt
2 EL Ingwer-Balsamico-Essig (Kim kocht „Shop & Studio")
1 EL Zitronensaft
2 EL dunkles Sesamöl
2 EL Sojasauce
4 EL Sushi-Essig
2 EL Mirin → S. 187
100 ml Bio-Apfelsaft
4 EL steirisches Kürbiskernöl
Salz

ZUBEREITUNG

Die braunen Linsen in Salzwasser sehr knackig kochen. Abseihen und beiseitestellen. Die Mangos schälen und in mundgerechte Stücke schneiden. Die Schalotten schälen und klein würfeln. Jungzwiebeln waschen und (bis zum grünen Teil) in Ringe schneiden, davon 1 Esslöffel zum Garnieren aufbewahren.
Für die Marinade alle Zutaten in einer Schüssel gut vermischen.
Eine Pfanne erhitzen, Olivenöl hineingeben und die Schalotten darin kurz anlaufen lassen. Die Linsen hinzufügen, anschließend die Marinade beigeben und zum Kochen bringen. Dann die Mangostücke dazugeben, Herd abdrehen und Pfanneninhalt ziehen lassen (nicht mehr kochen!).
Eine weitere Pfanne erhitzen, Olivenöl hineingeben und den Fisch pro Seite 2 Minuten darin anbraten. Herd abdrehen und zugedeckt 2 Minuten ziehen lassen.
Den warmen Mango-Linsen-Salat in Suppenschalen geben und den Petersfisch darauf anrichten. Mit Ingwersalz und Jungzwiebel garnieren.

Tipp: Bestes Kürbiskernöl erkennt man am Geruch: Es duftet nach frischer Schwarzbrotrinde (mit zarten Röstaromen) und keinesfalls ranzig. Die Farbe muss ganz klar smaragdgrün sein.

Zierfandler / Riesling

Wasser | Wärmt und bewegt das Qi – für alle, die häufig frieren.

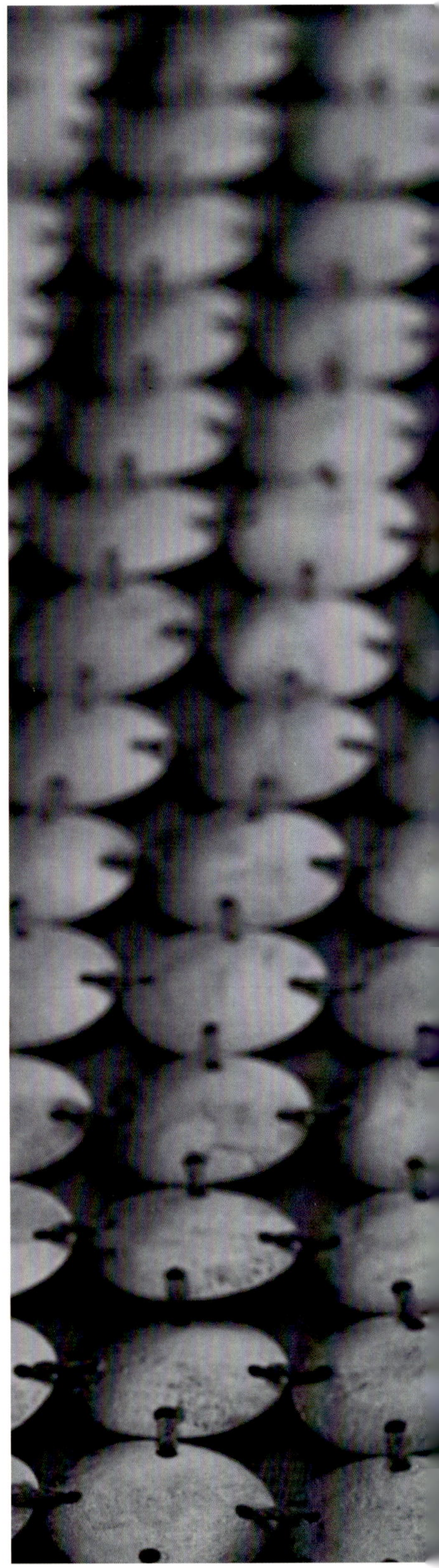

ST. PETERSFISCH

MIT SCHALOTTENCONFIT UND CHORIZO

ZUTATEN FÜR 4 PORTIONEN

4 Petersfischfilets
100 g Chorizo → S. 186
1 EL Zwiebel, klein geschnitten
40 g Parmesan
Olivenöl
Pfeffer
Zitronenthymian zum Garnieren

Schalottenconfit:
4 mittelgroße Schalotten
Olivenöl
3 EL Ingwer-Balsamico-Essig (Kim kocht „Shop & Studio")
1 EL Sojasauce
1 EL Papayasauce
1 TL Fischsauce
1 Prise getrockneter Chili

ZUBEREITUNG

Für das Schalottenconfit die Schalotten klein würfelig schneiden und in Olivenöl glasig anlaufen lassen, restliche Zutaten dazugeben und 2 Minuten dünsten.
Chorizo klein würfelig schneiden. Pfanne mit Olivenöl erhitzen und Zwiebel darin bräunen, Chorizo dazugeben, kurz mitrösten und pfeffern. Parmesan fein reiben.
Eine beschichtete Pfanne erhitzen, einen Schuss Olivenöl hineingeben, darin den Petersfisch beidseitig leicht anbraten (je nach Größe 2–4 Minuten), dann zugedeckt 2 Minuten ziehen lassen.
Auf einem Teller auf einer Seite das Confit, auf der anderen Seite den Fisch anrichten, die Chorizo und zum Schluss den Parmesan darüberstreuen. Mit Zitronenthymian garnieren und sofort servieren.

Grüner Veltliner Smaragd / Roter Veltliner

Erde und Metall | Die Erde ist die Mutter des Elements Metall. Ist die Mutter stark, so kann auch das „Kind" Metall seine Funktionen erfüllen, z.B. die Abwehrkräfte stärken.

TUNABURGER

ZUTATEN FÜR 4 PORTIONEN

200 g Thunfischfilet (5 x 5 cm Block, in Sashimi-Qualität)
2 Jungzwiebeln (1 davon zum Garnieren)
100 g Sushi-Reis (heiß), nach Packungsbeilage gekocht
5 EL Sushi-Essig
200 g frische Garnelen
2 TL dunkles Sesamöl
Salz
1 Eigelb
1 EL Senfkörner
1/8 l Teriyakisauce
5 EL Sonnenblumenöl
1 rote Zwiebel, gehackt
50 g Babymangold-Blätter (kann auch anderer grüner Salat sein)
ca. 2 cm gelber Rettich

🍷 Muskateller / Pinot Blanc

ZUBEREITUNG

Einen der beiden Jungzwiebel der Länge nach in feine, dünne Streifen (Julienne) schneiden, in kaltem Wasser zweimal auswaschen, damit er nicht scharf wird, und abtropfen lassen.
Aus dem Thunfisch 4 Stücke à 50 g schneiden und die Ecken abrunden, beiseitestellen. Sushi-Reis noch im heißen Zustand mit Sushi-Essig vermischen, daraus 4 runde Laibchen formen und warm stellen.
Die Garnelen klein hacken, den anderen Jungzwiebel in schmale Ringe schneiden und beides mit dunklem Sesamöl, Salz und mit dem Eigelb vermischen. Auch daraus 4 Laibchen formen, beiseitestellen.
Die Senfkörner in kaltem Wasser 30 Minuten einweichen, abseihen, anschließend mit Teriyakisauce aufkochen und beiseitestellen.
Babymangold waschen und abtropfen lassen.
Eine Pfanne erhitzen, Sonnenblumenöl hineingeben, die Reislaibchen darin beidseitig goldbraun braten. Die Garnelenlaibchen ebenfalls beidseitig braten. Eine weitere Pfanne mit Sesamöl erhitzen und darin die 4 Thunfischstücke beidseitig je 2 Sekunden anbraten, aus der Pfanne nehmen. Jedes Stück einmal quer durchschneiden, um insgesamt 8 kleine Thunfisch-Stücke zu erhalten. Auf Tellern erst Mangoldblätter, dann ein Stück Thunfisch auflegen, darauf 1 Esslöffel Teriyaki-Senf-Sauce platzieren, darauf ein Garnelenlaibchen, 1 Scheibe gelben Rettich, darüber ein Reislaibchen, klein gehackte rote Zwiebel und wieder 1 Scheibe gelben Rettich. Abschließend mit Thunfisch bedecken und mit Jungzwiebel garnieren.

Wasser | Das Element Wasser zu stärken, bewirkt immer einen Anti-Aging-Effekt.

SPICY MANGOSALAT

MIT TUNA

ZUTATEN FÜR 4 PORTIONEN

2 Mangos
3 Zweige Koriandergrün
1 Zweig Minze
100 g Pinienkerne
1 frische rote Chilischote
Saft einer Limette
2 EL Fischsauce
2 Knoblauchzehen
2 cm frischer Ingwer → S. 186
4 EL dunkles Sesamöl
200 g Thunfisch im Ganzen
1 EL gerösteter Sesam (Gomasio)
1 EL schwarzer Pfeffer, geschrotet
1 Handvoll Berberitzen, getrocknet → S. 186

ZUBEREITUNG

Mangos schälen, in Streifen schneiden und in eine Schüssel geben. Koriander- und Minzeblätter klein schneiden und zu den Mangos geben. Pinienkerne (ohne Fett) rösten und danach mit Chili, Limettensaft, Ingwer, Knoblauch, Fischsauce und 1 Esslöffel Sesamöl im Mörser zerstoßen. Mit den Mangostreifen vermischen und beiseitestellen.
Gomasio und Pfeffer vermengen und den Thunfisch auf beiden Seiten fest in die Gewürzmischung drücken. Eine Pfanne erhitzen, 3 Esslöffel Sesamöl hineingeben, Thunfisch im Ganzen darin beidseitig scharf anbraten, danach in Scheiben schneiden.
Mangosalat auf Tellern verteilen, Thunfisch darauf anrichten. Sparsam mit Berberitzen bestreuen und servieren.

Traminer / Deutscher Riesling Mosel

土

Erde | Sesam enthält viel Calcium – mehr als Milch!

TUNASASHIMI

MIT ERDBEER-CHILI-SALSA

ZUTATEN FÜR 4 PORTIONEN

200 g Thunfisch im Ganzen
1 EL gerösteter Sesam (Gomasio)
1 EL schwarzer Pfeffer, grob gemahlen
2 EL Sonnenblumenöl (oder Olivenöl)
1/4 kg Erdbeeren
1 Jungzwiebel
1 rote Chilischote
Saft einer Limette
1 Handvoll Minzeblätter
je 1 Prise Zucker und Salz
evtl. Sushi-Essig

ZUBEREITUNG

Sesam und Pfeffer vermischen und beide Seiten des Thunfischs fest in die Gewürzmischung drücken. Eine Pfanne erhitzen, Sonnenblumenöl hineingeben, Thunfisch im Ganzen pro Seite 1 Sekunde scharf anbraten, danach in Scheiben schneiden, diese beiseitelegen.
Erdbeeren waschen, Stiele und Blätter entfernen und die Früchte grob zerkleinern. Jungzwiebel waschen und in 3 mm schmale Ringe schneiden, Chilischote ebenfalls klein schneiden und beides mit den Erdbeeren vermengen. Limettensaft daruntermischen und mit Zucker und Salz abschmecken. Evtl. auch etwas Sushi-Essig beifügen. Die Minze daruntermischen. Thunfisch-Scheiben und Erdbeer-Chili-Salsa auf vier Tellern anrichten.

Deutscher Riesling / Moscato d'Asti

DREIERLEI TUNA-VARIATIONEN

MIT LIMETTEN-INGWER-SAUCE

ZUTATEN FÜR 4 PORTIONEN

12 Stück Thunfischwürfel mit 1,5 cm Seitenlänge
1 EL Limetten-Ingwer-Sauce → S. 182
1 EL Sushi-Essig
1 Prise Chilipulver
4 Babymangoldblätter
Schnittlauch
4 Brotchips

ZUBEREITUNG

Limetten-Ingwer-Sauce mit Sushi-Essig und Chilipulver vermischen. In eine Glasschüssel zuerst 1 Mangoldblatt legen, 3 Fischwürfel daraufsetzen und mit Limetten-Ingwer-Sauce beträufeln. Mit Schnittlauch und Brotchip garnieren.

KURZ GEBRATEN, MIT 5-GEWÜRZE-MISCHUNG UND FRUCHTSALZEN

ZUTATEN FÜR 4 PORTIONEN

4 Thunfischwürfel mit 4 cm Seitenlänge
2 EL Bulgogisauce → S. 182
Sonnenblumenöl
5-Gewürze-Mischung → S. 180
Mandarinensalz (Kim kocht „Shop & Studio“)
Hibiskussalz (Kim kocht „Shop & Studio“)
Jungzwiebel, fein geschnitten
1 TL dunkles Sesamöl

ZUBEREITUNG

Thunfischwürfel in der Bulgogisauce ca. 1 Minute ziehen lassen. Pfanne erhitzen, Sonnenblumenöl hineingeben und Thunfisch darin 2 Sekunden anbraten. Danach halbieren und mit 5-Gewürze-Mischung, Mandarinensalz und Hibiskussalz bestreuen. Jungzwiebel mit dunklem Sesamöl vermengen, in eine Glasschüssel geben und je 1 Thunfischwürfel daraufsetzen.

KRAUTROULADE MIT TUNATARTARE

ZUTATEN FÜR 4 PORTIONEN

100 g Thunfischfilet
1 TL Wokgewürz → S. 180
1 EL Sojasauce
koreanischer Sanchopfeffer (Kim kocht „Shop & Studio“)
1 TL Weißwein
1 EL Zwiebel, geröstet
6 Blätter Weißkraut, blanchiert
Öl zum Braten

ZUBEREITUNG

Thunfisch möglichst fein hacken, die restlichen Zutaten bis auf Öl und Weißkraut dazugeben und alles gut durchmischen. Die Masse auf die 4 Krautblätter verteilen und diese einrollen. Öl in einer heißen Pfanne erhitzen, die Rouladen darin 1 Minute braten. Anschließend aus der Pfanne nehmen und halbieren.
Die beiden verbliebenen Krautblätter in feine Streifen schneiden, in der Rouladen-Pfanne kurz anschwitzen und salzen. Kraut und Roulade in eine Glasschüssel geben und servieren.

Grüner Veltliner / Sauvignon Blanc

VIOLETTE SCHUPFNUDELN

MIT LEMONGRAS-THUNFISCH-SUGO

ZUTATEN FÜR 4 PORTIONEN

Lemongras-Thunfisch-Sugo:
200 g Thunfischfilet
1 Zwiebel
4 Knoblauchzehen
2 cm frischer Ingwer → S. 186
3 cm frischer Galgant → S. 186
5 Stangen Zitronengras
3 große Tomaten
1 EL Sushi-Essig
3 kleine frische Chilischoten
6 EL Olivenöl
2 EL dunkles Sesamöl
1 Dose geschälte Tomaten (ca. 330 g)
2 EL Tomatenmark
Salz
ca. 20 g Kaffir-Limettenblätter, halbiert, ohne mittlere Blattrippe → S. 186

Schupfnudeln:
1/2 kg violette Kartoffeln
1 Prise Muskatnuss
Salz
3 Eigelb
evtl. etwas Mehl oder Kartoffelstärke

ZUBEREITUNG

Für das Sugo Thunfisch klein schneiden. Zwiebel, Knoblauch, Ingwer, Galgant und Zitronengras fein hacken.
Tomaten kreuzweise einschneiden, blanchieren, kalt abschrecken und die Haut abziehen. Tomaten anschließend entkernen und in kleine Würfel schneiden. Mit Sushi-Essig marinieren und beiseitestellen.
Chilischoten in kleine Scheiben schneiden.
Einen Topf erhitzen, Olivenöl und Sesamöl hineingeben, Zwiebel darin goldbraun anrösten. Thunfisch dazugeben und kurz anbraten. Dosentomaten mit Saft und Tomatenmark zum Thunfisch geben, mit dem Kochlöffel grob zerstampfen und 5 Minuten köcheln lassen, dabei immer wieder umrühren. Zum Schluss die restlichen Zutaten (bis auf die Tomatenwürfel) untermischen, mit Salz abschmecken und nochmals 20 Minuten köcheln lassen.
Kurz vor dem Servieren die Tomatenwürfel dazugeben und gut durchmischen.
Für die Schupfnudeln Kartoffeln weich kochen. Noch heiß (mit der Schale – so erhalten die Nudeln eine noch intensivere Farbe) durch die Kartoffelpresse drücken. Mit Muskatnuss und Salz würzen. Eigelb und evtl. etwas Mehl oder Kartoffelstärke einarbeiten und zu einem flaumigen Teig verarbeiten.
Aus dem Teig 4 gleich lange, jeweils 1 cm dicke Rollen formen. Rollen in 4 cm lange Stücke schneiden und diese zu dicken Nudeln (wie für Mohnnudeln) rollen.
In einem großen Topf Salzwasser zum Kochen bringen, Schupfnudeln hineingeben und so lange köcheln, bis sie an die Wasseroberfläche steigen (oder in einem Dampfgarer garen). Abseihen und warm stellen.
Schupfnudeln auf Tellern anrichten, mit Sugo übergießen und servieren.

🍷 Viognier / Chardonnay Neue Welt

MIT GRAMMELN GEFÜLLTER TUNA

DAZU NASHI-BIRNE

ZUTATEN FÜR 4 PORTIONEN

1/2 Nashi-Birne → S. 187
1 weißer Rettich
4 Thunfischfilets à 100 g
1 EL schwarzer Pfeffer, geschrotet
2 EL gerösteter Sesam (Gomasio)
Sonnenblumenöl zum Braten
200 g Grammeln (Grieben)
4 EL Jungzwiebel, fein geschnitten
3 EL koreanische Chilisauce (Kim kocht „Shop & Studio")
2 cl süßer Sherry
12 Stängel Schnittlauch

ZUBEREITUNG

Nashi-Birne schälen, entkernen und blättrig schneiden, beiseitestellen. Rettich schälen und mit einem Sparschäler in dünne Streifen hobeln. In kaltem Wasser waschen und 1/2 Stunde in Wasser einlegen, damit die Schärfe entzogen wird. Durch ein Sieb abgießen, abtropfen lassen und für die Garnitur beiseitestellen.
In jedes Thunfischfilet mittig eine Tasche einschneiden. Pfeffer und Gomasio in einer Schüssel vermischen, Thunfischfilets beidseitig in die Gewürzmischung drücken.
Eine Pfanne erhitzen, wenig Öl hineingeben und die Grammeln darin anrösten. Jungzwiebeln und Chilisauce zufügen, kurz mitbraten. Die Hälfte der Grammel-Zwiebel-Masse in die Thunfisch-Taschen füllen.
Eine zweite Pfanne erhitzen, Öl hineingeben, Thunfisch beidseitig je 2 Sekunden scharf anbraten.
In der Zwischenzeit die restlichen Grammeln in der ersten Pfanne neuerlich erhitzen, Nashi-Birne beifügen und mitrösten. Mit Sherry begießen und flambieren.
Rettich auf Tellern anrichten, je 3 Schnittlauch-Stängel verknoten und auf den Rettich legen, gefüllten Thunfisch dazugeben und mit den flambierten Grammeln garnieren.

Pinot Noir / Châteauneuf-du-Pape

Wasser und Holz | Dieses Rezept bringt Wärme und Dynamik – besonders gut in der kalten Jahreszeit.

SCHWARZE NUDELN

IN LEMONGRAS-CHILI-VINAIGRETTE, DAZU LUFTGETROCKNETER BONITO

ZUTATEN FÜR 4 PORTIONEN

300 g schwarze Spaghetti
2 Jungzwiebeln
je 1 grüner und roter Pfefferoni
2 Stangen Zitronengras
5 Kaffir-Limettenblätter → S. 186
3 Knoblauchzehen
3 cm frischer Ingwer → S. 186
1 kleine Zwiebel
4 EL Olivenöl
2 EL Fischsauce
Saft einer Limette
1 kleines Stück getrockneter Bonito (oder Bottarga) → S. 186
Salz

ZUBEREITUNG

Jungzwiebeln halbieren, putzen und schräg in feine Streifen schneiden. Pfefferoni schräg in Scheiben schneiden.
Vom Zitronengras die äußeren Blätter ablösen und die harten Enden wegschneiden. Zitronengras halbieren, schräg in feinste Streifen schneiden. Die harten Blattrippen der Kaffir-Limettenblätter ausschneiden, Blätter in Streifen schneiden. Knoblauch, Ingwer und Zwiebel schälen und fein hacken.
Spaghetti in Salzwasser bissfest kochen, abseihen und abtropfen lassen.
In einer Pfanne wenig Olivenöl erhitzen. Zwiebel darin leicht farbgebend anschwitzen. Jungzwiebeln, Pfefferoni, Zitronengras, Kaffir-Limettenblätter, Knoblauch und Ingwer dazugeben und unter häufigem Rühren ca. 1 Minute braten. Die Nudeln unterheben, anschließend die Fischsauce und den Limettensaft. Mit Salz abschmecken.
Spaghetti auf Tellern anrichten, mithilfe eines Sparschälers den Bonito über die Nudeln hobeln und servieren.

Burgunder Cuvée / Reifer Rotgipfler

Wasser | Stärkt Yin und Yang der Nieren – besonders gut für Frauen mit Hormonproblemen.

HAMACHI-CARPACCIO

ZUTATEN FÜR 4 PORTIONEN

500 g Hamachi (oder Schwertfisch in Sashimi-Qualität) → S. 186
1 Stange Zitronengras
1 TL Limettensaft
1 kleiner Bund Schnittlauch
frische Kräutermischung (Kresse, Daikonkresse, Shiso → S. 186, 187)
2 frische Chilischoten
1 EL Papayakerne
100 ml fruchtiges Olivenöl
alter Balsamico-Essig
Lemongras-Chili-Salz (Kim kocht „Shop & Studio" oder grobes Meersalz)

ZUBEREITUNG

Hamachi in 16 dünne Scheiben schneiden und mithilfe eines Fleischklopfers möglichst flach klopfen. Je 4 Stück auf einen Teller legen.
Zitronengras putzen, nur den unteren Teil in sehr feine Ringe schneiden und sofort mit Limettensaft beträufeln. Chili in dünne Ringe schneiden.
Schnittlauch in 2 mm schmale Röllchen schneiden und mit der Kräutermischung vermengen. Danach über die Hamachi-Scheiben streuen, ebenso die Papayakerne. Chiliringe und Zitronengras-Scheibchen dazugeben, Olivenöl und Balsamico darüberträufeln und mit Salz servieren.

Grüner Veltliner / Sämling / Muskateller

UNAGI MAKI

ZUTATEN FÜR 4 PORTIONEN

1 Unagi-Süsswasseraal
400 g gekochter Sushi-Reis (heiß)
100 ml Sushi-Essig
2 Blätter Seetang (Nori → S. 187)
1 TL Wasabipaste (aus dem Asia-Shop)
1 Bund Schnittlauch in Röllchen
einige Korianderblätter zum Garnieren
1 Blatt Frischhaltefolie in A4-Größe
Maki-Matte

Unagi-Marinade:
3 EL Mirin → S. 187
100 ml Teriyakisauce
1 TL Knoblauch- und Ingwer-Mischung, gehackt
1/2 TL koreanische Chilipaste (Kim kocht „Shop & Studio")
1 EL Honig
1 EL dunkles Sesamöl
1 EL gehackte Zwiebel

ZUBEREITUNG

Für die Unagi-Marinade alle Zutaten in eine Pfanne geben, aufkochen und ca. 20 Minuten reduzieren lassen. Während dieser Zeit den Unagi putzen, entgräten und im vorgeheizten Backofen bei 160 °C (Oberhitze) ca. 10 Minuten grillen. Danach mit der Marinade bestreichen und nochmals ca. 2–3 Minuten grillen, anschließend warm stellen.
Den heißen Reis mit Sushi-Essig vermischen und mithilfe eines Fächers rasch abkühlen (der Reis soll nur noch lauwarm sein). Auf einer Maki-Matte ein Nori-Blatt vorbereiten. Marinierten Reis darauf dünn, aber gut festgedrückt verteilen. Mit Klarsichtfolie bedecken und umdrehen, sodass der Reis unten und das Nori-Blatt oben liegt. Nori-Seite mit Wasabipaste bestreichen und mit Schnittlauch belegen. Mit etwas Druck einrollen und die Folie dabei abziehen. Den gegrillten Unagi auf die Rolle legen, Folie darüberbreiten, wiederum mithilfe der Matte einrollen, die Folie abziehen und die Rolle 5 Minuten bei 100 °C im Ofen warm stellen. Danach die Rolle in ca. 1,5 cm breite Scheiben schneiden und mit Korianderblättern garniert servieren.

Chardonnay / Burgunder

Holz | Aale gelten in der TCM als Windvertreiber – sie beruhigen Menschen, die leicht aufbrausend sind.

FLEISCH

HÜHNERSCHNITZEL

MIT MARILLENCHUTNEY

ZUTATEN FÜR 4 PORTIONEN

4 Hühnerfilets á 120 g
50 g frischer Ingwer, fein gehackt
Brösel (Paniermehl)
2 Eier
wenig Mineralwasser
Mehl
Traubenkernöl zum Frittieren
Salz, Pfeffer
1 Limette

Marillenchutney:
2 rote Zwiebeln
2 Knoblauchzehen
8 reife Marillen (Aprikosen)
2 EL frischer Ingwer, gehackt
4 EL Sonnenblumenöl
100 ml Marillensaft (Aprikosensaft)
Salz, Pfeffer

ZUBEREITUNG

Für das Chutney Zwiebel schälen und in schmale Ringe schneiden. Knoblauch blättrig schneiden, beides beiseitestellen. Die Marillen halbieren und entkernen.
Eine beschichtete Pfanne heiß werden lassen, Sonnenblumenöl hineingeben, erst Zwiebel darin kurz anlaufen lassen, anschließend Ingwer und Knoblauch beifügen. Zum Schluss die entkernten Marillen mit der Fruchtfleischseite nach unten in die Pfanne legen und kurz anbraten. Mit dem Marillensaft ablöschen, mit Salz und Pfeffer abschmecken, beiseitestellen.
Die Hühnerfilets salzen und pfeffern. Ingwer mit Bröseln vermischen und beiseitestellen. Die Eier mit dem Mineralwasser verquirlen und ebenfalls parat stellen.
Die Filets werden erst in Mehl, dann in verquirltem Ei und zuletzt in den Ingwerbröseln paniert. Dann das Öl zum Frittieren erhitzen, die panierten Filets ausbacken und abtropfen lassen.
Auf je einen Teller etwas Chutney platzieren, dann schichtweise Filet – Chutney – Filet – Chutney stapeln und zuletzt mit Limettenvierteln garnieren. Eventuell auch Chilistreifen dazugeben.

🍷 Riesling

Erde und Feuer | Gut gegen Stress und innere Ruhelosigkeit.

WACHTELBRÜSTE

DAZU THAIBASILIKUMPESTO-NUDELN MIT KIRSCHTOMATENKONFITÜRE

ZUTATEN FÜR 4 PORTIONEN

2 Wachteln
2 EL Kartoffelstärke
Sonnenblumenöl
200 g Kirschtomaten
2 EL Schalotten, fein gehackt
1 Knoblauchzehe, fein gehackt
1 EL Sojasauce
4 EL Apfelbalsamico
1 frische Chilischote (oder 1 Prise getrocknete), in Ringen
160 g Spaghettini (oder Reisnudeln)
4 EL Thaibasilikumpesto → S. 176
1 EL marinierter Sushi-Ingwer (Kim kocht „Shop & Studio), fein gehackt
Olivenöl
1 Bund Basilikum

Marinade:
1 TL Zucker
1 EL Sojasauce
1 TL dunkles Sesamöl
1 EL Sake
1 EL Wasser
1 TL frischer Ingwer, gehackt
1 Knoblauchzehe, gehackt

Holz und Erde | Harmonisiert alle Verdauungsorgane (Magen-Darm Trakt).

ZUBEREITUNG

Alle Zutaten für die Marinade gut vermischen.
Die Flügel der Wachteln mit einem scharfen Messer vorsichtig von der Brust lösen, mit den Keulen ebenso verfahren. Anschließend die Keulen und Brüste in der Marinade 15 Minuten ziehen und danach abtropfen lassen. Die Wachtelteile in Kartoffelstärke wenden. Eine Pfanne erhitzen, Sonnenblumenöl hineingeben, die Wachtelteile 4 Minuten von allen Seiten (pro Seite 2 Minuten) anbraten, anschließend im Backofen bei 70 °C ca. 15 Minuten ziehen lassen.
Kirschtomaten halbieren, die Schalotten in einer Pfanne mit wenig Olivenöl glasig werden lassen, Knoblauch, Sojasauce und Apfelbalsamico dazugeben, anschließend die halbierten Tomaten beifügen und 2 Minuten braten. Die Chili-Ringe dazugeben und das Ganze ziehen lassen.
Spaghettini in Salzwasser kochen, abseihen.
In einer weiteren Pfanne 4 Esslöffel Thaibasilikumpesto warm werden lassen, Nudeln zugeben, gut durchrühren und anschließend Sushi-Ingwer daruntermischen.
Die Pesto-Nudeln auf vier Tellern anrichten. Je eine Wachtel mit den Flügelenden nach oben daraufsetzen. Kirschtomatenkonfitüre rund um die Wachtel anordnen und mit grob gezupften Basilikumblättern garnieren.

Traminer / Gemischter Satz

MAISTÖRTCHEN MIT TAUBENBRUST

DAZU SCHOKO-CHILI-SAUCE

ZUTATEN FÜR 4 PORTIONEN

4 Taubenbrustfilets (ausgelöst aus 2 Täubchen)
4 Scheiben rosa Grapefruit
4 Maistörtchen
Salz
Pfeffer
Schokosauce
Maiskeimöl

Maistörtchen:
100 g frisch ausgelöste Maiskerne
2 Eier
1 EL Karotte (Möhre), gehackt
1 EL Jungzwiebel, gehackt
1 EL roter Pfefferoni, gehackt
Salz
Maiskeimöl
1 EL grober Gries
4 kleine Tortenformen

Schokosauce:
Taubenreste
2 Zwiebeln
300 ml Wasser
Saft einer Orange
100 g Schokolade mit hohem Kakaoanteil 1 frische Chilischote, gehackt
6 EL Maiskeimöl
5 EL süßer Portwein
Salz

ZUBEREITUNG

Für die Maistörtchen kleine Tortenformen mit Maiskeimöl einfetten und mit Gries ausstreuen. Maiskerne im Mixer grob zerkleinern, die Eier trennen, aus dem Eiweiß Schnee schlagen, danach mit den restlichen Zutaten vermischen. Die Masse in die Tortenformen füllen und im vorgeheizten Backofen bei 160 °C ca. 20 Minuten backen.
Für die Schokosauce die Zwiebeln schälen und grob schneiden, einen Topf heiß werden lassen, wenig Maiskeimöl hineingeben und die Taubenreste und die Zwiebeln darin 5 Minuten anrösten. Mit Wasser und Orangensaft ablöschen und 30 Minuten köcheln lassen (die Flüssigkeit auf ca. 150 ml reduzieren), danach abseihen.
Die Flüssigkeit neuerlich erhitzen und die Schokolade darin schmelzen. Den Chili, das restliche Maiskeimöl und den Portwein beifügen. Mit Salz abschmecken, anschließend warm stellen.
Nun die Grapefruitscheiben in einer Pfanne beidseitig goldbraun anbraten, warm stellen. Die ausgelöste Taubenbrust an der Hautseite leicht einschneiden, danach in der Pfanne in Öl beidseitig je 1 Minute scharf anbraten. Anschließend im Backofen bei 70 °C max. 15 Minuten ruhen lassen. Noch einmal in einer sehr heißen Pfanne in Öl mit der Hautseite nach unten (diese dabei etwas gegen den Pfannenboden drücken) braten. Aus der Pfanne nehmen und schräg durchschneiden.
Zuerst je 1 Grapefruitscheibe auf einen Teller legen, 2 Taubenbrustscheiben daraufsetzen, daneben das aus der Form gestürzte Maistörtchen anrichten (evtl. zuerst auf einen anderen Teller stürzen), mit der Schokosauce beträufeln und evtl. mit Chili garnieren.

Pinot Noir / Châteauneuf-du-Pape

Erde | Stärkt das Qi – ein Gericht für die Rekonvaleszenz.

REHKITZ-SASHIMI

AUF MANGOBETT

ZUTATEN FÜR 4 PORTIONEN

400 g frisches Rehkitz
3 EL Sake
4 reife Thaimangos
2 Passionsfrüchte
4 EL Mirin → S. 187
Salz
koreanisches Sancho Pfeffersalz (Kim kocht „Shop & Studio")
4 EL Pistazienöl (aus dem Ölfachhandel)
Pinsel

ZUBEREITUNG

Rehkitz in dünne Scheiben schneiden, danach mit einem Fleischklopfer sehr flach klopfen. Mit Sake beträufeln, die Scheiben mit Frischhaltefolie bedecken und 30 Minuten im Kühlschrank ruhen lassen.
Thaimangos schälen und mit einem Sparschäler dünne Späne abhobeln. In Kreisform auf einen Teller legen, Rehkitz-Scheiben darauf anrichten.
Passionsfrucht halbieren, das Fruchtfleisch mit einem Teelöffel aus der Schale holen und in eine Schüssel geben. Mit Mirin und Salz abschmecken, das gewürzte Fruchtfleisch zurück in die 4 Schalenhälften füllen.
Die Passionsfrucht-Hälften in der Mitte des Sashimi platzieren. Pistazienöl über das Rehkitz pinseln und danach mit Sancho Pfeffersalz bestreuen.

🍷 Rotgipfler / Traminer

Erde | Das Fleisch vom Wild gilt in der TCM als besonders wärmend und Blut stärkend.

REH IM SPINATMANTEL

DAZU KARTOFFELPÜREE MIT SHIITAKE-TERIYAKI-SAUCE

ZUTATEN FÜR 4 PORTIONEN

4 Rehfilets à 100 g
8 große Spinatblätter
4 EL Shiitake-Teriyaki-Sauce
Olivenöl
grobes Meersalz

Shiitake-Teriyaki-Sauce:
100 g Shiitakepilze
80 ml Teriyakisauce
100 ml Sojasauce
3 EL Zucker
50 ml Wasser
5 cm frischer Ingwer → S. 186

Kartoffelpüree (3–4 Portionen):
1/2 kg mehlige Kartoffeln
ca. 50 g Butter oder hochwertiges Pflanzenöl
ca. 1/8 l Kokosmilch
Salz
1 Prise Muskatnuss

ZUBEREITUNG

Für die Sauce alle Zutaten bis auf die Teriyakisauce in einer kleinen Kasserolle 20 Minuten köcheln lassen, danach Pilze herausnehmen und klein würfeln. Mit der Teriyakisauce vermengen.
Für das Püree die Kartoffeln in ausreichend Salzwasser in der Schale weich kochen, danach schälen. Die Kartoffeln noch heiß zerstampfen oder durch die Kartoffelpresse drücken. Butter dazugeben und mit einem festen Schneebesen durchrühren. Nach und nach die Kokosmilch einlaufen lassen und glatt rühren. Je nach gewünschter Konsistenz mehr oder weniger Kokosmilch dazugeben. Mit Salz und einer Prise geriebener Muskatnuss abschmecken.
Die Spinatblätter in kochendem Wasser kurz blanchieren und in Eiswasser abschrecken, trocken tupfen.
Die Rehfilets kurz in einer heißen Pfanne mit wenig Öl pro Seite 1 Minute anbraten, danach bei 60 °C im Ofen 10 Minuten ziehen lassen.
Spinatblätter ausbreiten, je 1 Filet darauflegen und die Spinatblätter gut einrollen.
Pfanne heiß werden lassen, Olivenöl hineingeben und darin die Rehrollen 1 Minute braten. Aus der Pfanne nehmen und schräg durchschneiden.
Kartoffelpüree in tiefen Tellern anrichten, 1 Esslöffel Shiitake-Teriyaki-Sauce darüberträufeln und die Rehrollen-Hälften daraufsetzen. Mit Salz servieren.

Reifer St. Laurent / Blaufränkisch

LAMMFILET-SUSHI

MIT ROSMARINPESTO

ZUTATEN FÜR 4 PORTIONEN

200 g Lammfilet
1 EL Rosmarinöl (siehe Rosmarinpesto → S. 178)
200 g gekochter Sushi-Reis (heiß)
1/16 l Sushi-Essig
1 TL Wasabipaste (aus dem Asia-Shop)
4 EL Rosmarinpesto → S. 178
zum Garnieren

ZUBEREITUNG

Lammfilet in einer heißen Pfanne in Rosmarinöl 2 Minuten rundherum scharf anbraten, bis es eine schöne Farbe hat, dann bei 70 °C im Backofen 15 Minuten ruhen lassen.
Sushi-Reis mit Sushi-Essig vermischen und abkühlen lassen. Aus dem Reis 8 längliche Röllchen formen.
Lamm aus dem Backofen nehmen und in 0,7 cm starke Scheiben schneiden.
Auf je ein Reisröllchen ein wenig Wasabipaste platzieren, je eine Lammfilet-Scheibe daraufsetzen und kurz andrücken.
Restliche Sushis auf die gleiche Weise fertigstellen und mit Rosmarinpesto servieren.

Leichter Bordeaux

Feuer | Wärmt die Mitte und gibt Dynamik für das Herz-Qi. Rosmarinpesto entspannt Gestresste.

MIT FRISCHEM BASILIKUM UND CHILISTREIFEN GEFÜLLTES LAMMFILET

DAZU MANGOPOLENTA

ZUTATEN FÜR 4 PORTIONEN

4 Lammfilets à 100 g
1 Handvoll frische Basilikumblätter
4 rote Pfefferoni
Olivenöl

Marinade:
1 EL Wokgewürz → S. 180
ca. 20 Blätter frisches Basilikum
1 Schuss Zitronensaft

Mangopolenta:
2 reife Mangos
100 ml Kokosmilch
2 EL Fischsauce
1 TL Wokgewürz → S. 180
3 EL Zitronensaft
3 kleine frische Chilischoten, gehackt
2 EL Sushi-Essig
4 EL Sonnenblumenöl
150 g Schnell-Polenta
evtl. Wasser oder Gemüsefond
→ S. 176 zum Verdünnen

ZUBEREITUNG

Alle Zutaten für die Marinade in einem Mörser od. Mixer gut vermengen und pürieren.
Für das Lamm die Pfefferoni entkernen und der Länge nach aufschneiden.
Die Lammfilets in Schmetterlingsform dünn aufschneiden, danach die Basilikumblätter und die Pfefferoni auf die Filets legen und diese einrollen; mit Zahnstochern (oder Küchengarn) fixieren. Die 4 Rollen mit der Marinade einstreichen und 30 Minuten ziehen lassen.
Für die Mangopolenta die Mangos schälen, Fruchtfleisch klein würfeln, die Hälfte davon mit Kokosmilch fein pürieren, die andere Hälfte beiseitestellen. Anschließend alle Zutaten für die Polenta zusammenmischen und zum Kochen bringen, ständig umrühren und danach warm stellen. Bei Bedarf etwas Wasser oder Gemüsefond beifügen.
Eine Pfanne erhitzen, wenig Olivenöl hineingeben, die Lammrollen darin goldbraun braten. Im vorgeheizten Backofen bei 90 °C ca. 30 Minuten ziehen lassen.
Die Rollen anschließend in Scheiben schneiden, mit der Polenta auf Tellern anrichten und servieren.

Merlot / Pinot

Wasser und Erde | Ein perfektes Rezept gegen Erschöpfung und Kältegefühl.

KALBSBACKERL-TEMPURA

MIT RHABARBER UND ZUCKERMELONE

ZUTATEN FÜR 4 PORTIONEN

500 g Kalbsbacken (1,5 Stunden gekocht in 1 l Wasser, gemeinsam mit 1 Rettich, 1 Bund Suppengrün, Pfeffer, 2 EL Sojasauce, 1 geschälten Zwiebel)
1 Zuckermelone
2 Stangen Rhabarber
1 rote Zwiebel, gehackt
1 Blatt Rotkraut
100 g Tempuramehl (aus dem Asia-Shop)
4 EL Mandelblättchen, geröstet
Kugelausstecher

Teig:
200 g Tempuramehl (aus dem Asia-Shop)
2 Eier
Wasser
50 g Pankomehl → S. 187
50 g Kokosflocken
Rapsöl zum Frittieren

Marinade:
5 EL Kürbiskernöl
5 EL Balsamico-Essig
Salz
1 Knoblauchzehe, gehackt
1 cm frischer Ingwer, gehackt → S. 186

ZUBEREITUNG

Kalbsbacken kochen. Alle Zutaten für die Marinade gut verrühren.
Melone halbieren und mithilfe eines Kugelausstechers kleine Melonenkugeln herstellen. Rhabarber schälen und der Länge nach mit einem Sparschäler dünne Späne abhobeln. Die Rhabarberstreifen rollen sich von selbst ein. 10 Minuten in kaltes Wasser legen, anschließend abtropfen lassen. Das Rotkraut-Blatt in dünne Streifen schneiden.
Aus 200 g Tempuramehl, Eiern und Wasser einen dünnflüssigen Teig (wie für Pfannkuchen) herstellen. Kokosflocken und Pankomehl vermengen.
Die Kalbsbacken in 100 g Tempuramehl wälzen, dann in den Tempurateig tauchen und zuletzt in der Panko-Kokosflocken-Mischung wenden. In sehr heißem Öl frittieren, auf Küchenkrepp abtropfen lassen.
Die Backen halbieren und auf Tellern verteilen, die Melonenkugeln und Rhabarberstreifen dazugeben, die rote Zwiebel sowie die Rotkrautstreifen darüberstreuen. Zuletzt mit der Marinade beträufeln. Mit Mandelblättchen garnieren und servieren.

🍷 Viognier / Roter Veltliner

Erde | In Fett Gebackenes und Frittiertes fördert laut TCM die Bildung von Feuchtigkeit und Schleim.

BEEFCARPACCIO

MIT SESAMDRESSING

ZUTATEN FÜR 4 PORTIONEN

400 g Rinderfilet (Lungenbraten)
1 rote Zwiebel
2 Stangen Zitronengras
1 Jungzwiebel
100 g Salatmischung nach Saison
4 mittelgroße Bio-Eier
grobes Meersalz
Szechuanpfeffer
Frischhaltefolie

Dressing:
3 EL dunkles Sesamöl
2 EL dunkle Sojasauce
1 EL ungeschälter frischer Ingwer, klein gehackt
1 Knoblauchzehe, klein gehackt
4 EL Dashi-Suppe → S. 176
4 EL Reiswein

ZUBEREITUNG

Rinderfilet in 5 mm dünne Scheiben schneiden (oder einfrieren und mit einer Wurstschneidemaschine hauchdünn schneiden). Jede Scheibe zwischen 2 Lagen Frischhaltefolie legen, breit drücken und vorsichtig hauchdünn klopfen.
Rote Zwiebel in hauchdünne Scheiben schneiden. Den grünen Teil der Zitronengras-Stangen und Jungzwiebel in schmale Ringe schneiden. Salat waschen, trocken tupfen und in mundgerechte Stücke zupfen.
Eier trennen, Eigelb zurück in je 1 Schalenhälfte geben (Eiweiß wird für dieses Gericht nicht gebraucht).
Filetscheiben auf Tellern kreisförmig auflegen, in der Mitte ein Salatbeet anrichten, je 1 Eigelb in der Schale daraufsetzen.
Zitronengras-, Jungzwiebel- und Zwiebelringe über das Fleisch streuen.
Alle Zutaten für das Dressing gut verrühren und davon großzügig über das Fleisch träufeln, mit grobem Meersalz bestreuen. Das Eigelb ausschließlich mit Szechuanpfeffer bestreuen und servieren.

Zweigelt Cuvée

土 火

Erde und Feuer | Stärkt Qi und Blut.

ALFREDS SPICY BEEFSALAT

ZUTATEN FÜR 4 PORTIONEN

600 g Rinderfilet
5 EL Bulgogisauce → S. 182
300 g gemischter Blattsalat (nach Saison)
2 süße Zwiebeln
2 rote Pfefferoni
Pflanzenöl zum Braten
50 g Pinienkerne, trocken geröstet
2 EL gerösteter Sesam (Gomasio)

Dressing:
4 EL Sojasauce
4 EL Sushi-Essig
2 EL Reiswein
2 EL dunkles Sesamöl
1 Knoblauchzehe, gehackt
2 cm frischer Ingwer, gehackt → S. 186
1 Apfel, geschält, klein gewürfelt und in Zitronensaft eingelegt
evtl. 1 EL Rohzucker
1 EL koreanische Chilipaste (Kim kocht „Shop & Studio")

Holz und Erde | Salat entgiftet die Leber, Rindfleisch gibt Muskelkraft.

ZUBEREITUNG

Das Rindfleisch in fingerbreite Streifen schneiden und ca. 30 Minuten bei Raumtemperatur ruhen lassen. Anschließend 2 Minuten in der Bulgogisauce ziehen lassen.
Die Zutaten für das Dressing in einer Schüssel gut durchmischen und beiseitestellen.
Salat waschen, trocken tupfen und in mundgerechte Stücke zerteilen.
Die süßen Zwiebeln (sie sind etwas teurer als normale Zwiebeln, haben aber eine sehr angenehme Schärfe) halbieren und für ca. 20 Minuten in kaltes Wasser legen, danach abtropfen lassen. Rote Pfefferoni entkernen und in 0,5 cm breite schräge Streifen schneiden.
Salat, Pfefferoni, Zwiebel und Dressing gut durchmischen, Pinienkerne darüberstreuen und den Salat auf Tellern anrichten.
Eine Pfanne heiß werden lassen, Pflanzenöl darin erhitzen. Das Rindfleisch aus der Bulgogisauce nehmen und in der Pfanne kurz (ca. 1–2 Minuten) braten. Vom Herd nehmen, nun die restliche Bulgogisauce dazugeben, kurz durchrühren. Das Rindfleisch auf dem Salat anrichten, mit Gomasio bestreuen und servieren.

Für Alfred Kupferschmidt, den Liebhaber koreanischer Küche, als leichtes Sommergericht.

Leichter Grüner Veltliner Federspiel mit Restsüße

EIERNUDELN

MIT KOREANISCHER ZAZANGSAUCE

ZUTATEN FÜR 4 PORTIONEN

400 g dünne chinesische Eiernudeln
100 g Bauchfleisch vom Schwein
2 EL Grammeln (Grieben)
1 Karotte (Möhre)
1 große mehlige Kartoffel
1 Zucchini
3 Zwiebeln, klein gehackt
4 EL Sonnenblumenöl
1 cm frischer Ingwer, klein gehackt → S. 186
1 EL chinesischer Reisschnaps
1 EL Sushi-Essig
2 EL koreansiche Zazangsauce → S. 183
1 kleiner Bund Schnittlauch
Salz, Pfeffer

ZUBEREITUNG

Bauchfleisch klein würfelig schneiden, Grammeln sehr fein hacken. Karotte und Kartoffel schälen und klein würfeln, Zucchini ebenfalls klein würfeln.
Pfanne erhitzen, Sonnenblumenöl hineingeben, Zwiebel und Bauchfleisch scharf anbraten, mit Pfeffer abschmecken. Ingwer, Reisschnaps und Sushi-Essig dazugeben, eine weitere Minute garen. Zazangsauce beifügen und gut durchrühren. Zum Schluss die gehackten Grammeln untermengen, anschließend die Gemüsewürfel und alles 2 Minuten leicht köcheln lassen, dabei ständig umrühren. Schnittlauch in ca. 4 cm lange Stücke schneiden.
Wasser zum Kochen bringen, Salz und etwas Öl dazugeben und darin die Nudeln 2 Minuten kochen. Abseihen, auf Tellern verteilen und die Sauce über die Nudeln geben. Mit Schnittlauch garnieren und servieren.

Pinot Noir / Reifer Rioja

Erde | Schweinefleisch gilt in der TCM als besonders wertvoll für den Aufbau der Muskulatur.

NORAS & MICHAELS KOREANISCHE GRAMMELKNÖDEL

MIT KIMCHI

ZUTATEN FÜR 4 PORTIONEN
À 2 KNÖDEL

Füllung:
150 g Grammeln (Grieben)
1 kleine Zwiebel, fein gehackt
2 Knoblauchzehen, gehackt
1 TL dunkles Sesamöl
1 EL koreanische Chilipaste (Kim kocht „Shop & Studio“)
1 TL Sojasauce
Pfeffer

Teig:
500 g mehlige Kartoffeln
1 TL Salz
100 g Mehl (griffiges oder Kartoffelstärkemehl)

200 g Bauchfleisch vom Schwein
1 Zwiebel
1 roter Pfefferoni
100 g säuerliches Kimchi → S. 187
1 EL dunkles Sesamöl
Pfeffer

Kimchi ist ein traditioneller Chinakohlsalat aus Korea und „Pflicht“ bei jeder Mahlzeit.

ZUBEREITUNG

Für die Füllung die Grammeln kurz (ca. 1 Minute) mit Zwiebel und Knoblauch ohne Fett anrösten. Die restlichen Zutaten dazugeben, 1 weitere Minute garen und auskühlen lassen.
Für den Teig die Kartoffeln samt Schale dämpfen, schälen und noch gut warm in eine Schüssel pressen. Salz und Mehl beifügen, die Masse zu einem glatten Teig verkneten und sofort weiterverarbeiten: Aus dem Teig eine armdicke Rolle formen und in 8 Scheiben schneiden. Je 1 Esslöffel Füllung in der Mitte der Scheibe platzieren und den Teig mit der Hand um die Füllung schließen. Der Teig darf kein Loch haben und muss die Füllung fest ummanteln.
Die Knödel in Salzwasser etwa 10 Minuten leicht köcheln lassen.
In der Zwischenzeit das Bauchfleisch klein würfeln, Zwiebel klein schneiden, Pfefferoni in schräge Ringe schneiden, Kimchi ebenfalls klein schneiden.
Pfanne erhitzen, Sesamöl hineingeben, Bauchfleisch und Zwiebel darin 1 Minute anlaufen lassen, dabei pfeffern, anschließend Kimchi dazugeben, dann die Pfefferoni-Ringe. Weitere 2 Minuten braten und mit den Knödeln servieren.

Dieses Gericht habe ich spontan für Nora und Michael Schlenk als 6. Gang kreiert.

Reifer Grüner Veltliner / Weißer Bordeaux

SÜSSES

SCHOKOMOUSSE

MIT INGWER-TOPPING

ZUTATEN FÜR 4 PORTIONEN

250 g dunkle Schokolade mit hohem Kakaoanteil
1/4 l Schlagobers (Sahne)
5 Eiweiß
50 g feiner Zucker (Feinkristallzucker)
100 ml Kokosmilch
4 TL flüssige Konfitüre (Frucht je nach Saison)
1 EL weiße Schokolade, gerieben

Topping:
50 g dunkle Schokolade mit hohem Kakaoanteil, geschmolzen
30 g frischer Ingwer, im Mixer püriert
10 ml Kokosmilch

ZUBEREITUNG

Alle Zutaten für das Topping vermischen und warm stellen.
Für die Mousse dunkle Schokolade im Wasserbad oder zugedeckt im Dampfgarer schmelzen lassen. Obers schlagen, Eiweiß gemeinsam mit dem Zucker zu Schnee schlagen (Eiweiß sollte Zimmertemperatur haben). Schlagobers und Eischnee vermengen. Die Kokosmilch vorsichtig unter die geschlagene Masse heben, diese in 4 Longdrinkgläser füllen und für ca. 1 Stunde kalt stellen.
Unmittelbar vor dem Servieren zuerst die flüssige Konfitüre, danach das Topping darübergießen. Mit weißen Schokobröseln garnieren.

🍷 Beerenauslese aus Rotweintrauben / Roter Schilfwein

Erde | Sehr süß und feucht – köstlich, macht aber müde.

LEMONGRAS-CRÈME-BRÛLÉE

ZUTATEN FÜR 4 PORTIONEN

4 Stangen Zitronengras
250 g Schlagobers (Sahne)
100 ml Milch
1 Vanillestange
70 g Eigelb
40 g Zucker
10 g brauner Zucker zum Karamellisieren

ZUBEREITUNG

Die Zitronengras-Stangen klein schneiden. Schlagobers, Milch, Vanillestange und das klein geschnittene Zitronengras mit dem Zucker zum Kochen bringen. Anschließend 15 Minuten ziehen lassen, abseihen und kalt stellen.
Eigelb glatt rühren und mit der abgekühlten Schlagobers-Milch-Mischung vermengen, in 4–6 kleine Porzellanschüsseln füllen und im Dampfgarer bei 90 °C 40 Minuten garen (oder im Wasserbad im Ofen stocken lassen).
Schüsselchen anschließend herausnehmen, gegebenenfalls auf der Crème stehende Flüssigkeit abgießen und die Crème kalt werden lassen. Den braunen Zucker auf der Oberfläche verteilen und im Backofen mit starker Oberhitze oder mit einem Bunsenbrenner karamellisieren.

Traminer Auslese

KAISERSCHMARRN

MIT INGWER-APFEL-KOMPOTT

ZUTATEN FÜR 4 PORTIONEN

4 Eier
60 g Zucker
125 g Mehl
125 ml Milch
4 EL Sauerrahm (Saure Sahne)
Salz
Rosinen nach Geschmack
Butter zum Braten
Staubzucker (Puderzucker) zum Bestreuen

Ingwer-Apfel-Kompott:
200 g getrocknete Marillen (Aprikosen)
200 ml naturtrüber Bio-Apfelsaft
1 Schuss Zitronensaft
5 cm frischer Ingwer → S. 186
1 süßer Apfel
1 Apfel, Sorte Granny Smith
evtl. 1 EL Zucker

ZUBEREITUNG

Für das Kompott die Marillen in kleinere Stücke schneiden, Ingwer schälen und klein würfelig schneiden (man kann nach Belieben auch die Schale verwenden).
In einem Topf Apfelsaft, Marillen, Ingwer und Zitronensaft 5 Minuten köcheln lassen. Beide Äpfel schälen, in mundgerechte Stücke schneiden, sofort in den Topf zu den Marillen geben, Deckel auflegen und vom Herd nehmen (nicht weiter kochen!).
Für den Kaiserschmarrn Eier trennen, Eigelb und Zucker schaumig schlagen und Mehl, Sauerrahm sowie Milch mit dem Schneebesen gut unterrühren. Leicht salzen und die Rosinen einstreuen. Aus dem Eiweiß Schnee schlagen und diesen vorsichtig unter die Masse ziehen.
In einer Pfanne Butter erhitzen, Teig eingießen und auf beiden Seiten goldgelb backen. Anschließend mit 2 Gabeln in Stücke reißen und noch weitere 2 Minuten fertig backen. Dabei die Teigstücke weiter zerreißen und wenden.
Kaiserschmarrn auf Tellern verteilen, mit Staubzucker bestreuen und mit Ingwer-Apfel-Kompott servieren.

🍷 Sämling Beerenauslese

SCHAFSFRISCHKÄSE

MIT TOMATEN-CHILI-CONFIT

ZUTATEN FÜR 4 PORTIONEN

250 g Tomaten
2 EL Tomatenmark
3 frische Chilischoten
2 EL brauner Zucker
6 EL Honig
Salz
40 g Pinienkerne
100 g Kirschtomaten
350 g Schafsfrischkäse

Das Experimentieren und Kochen mit Käse verdanke ich den „PÖHL"is. Christian zeigte mir seinen reichhaltigen Käsebauchladen.

ZUBEREITUNG

Von den Tomaten die Stielansätze ausschneiden, Tomatenfleisch klein schneiden und gemeinsam mit dem Tomatenmark sehr fein pürieren. Durch ein grobes Sieb streichen.
Chili in feine Ringe schneiden. Tomatenmasse, Chili, Zucker, Honig und eine Prise Salz 15 Minuten leicht köcheln lassen.
Pinienkerne in eine Pfanne geben und ohne Zugabe von Fett leicht rösten, anschließend zu den Tomaten geben.
Kirschtomaten waschen, vierteln und in die Sauce rühren. Alles noch ca. 3 Minuten köcheln lassen (die Kirschtomaten sollen zwar gewärmt werden, die Haut soll sich aber nicht vom Fruchtfleisch lösen).
Käse portionieren, in Gläser oder kleine Schüsseln geben und mit dem Confit servieren.

Sämling Spätlese

Metall | Spendet Haut und Atemwegen Feuchtigkeit.

APFELSTRUDEL

AM SPIESS

ZUTATEN FÜR 4 PORTIONEN

1 Apfel, Sorte Pink Lady
100 ml Apfelsaft
Saft einer Zitrone
1 EL Rum
1 EL Zucker
1 Prise Bourbon-Vanilleschote, ausgekratzt
20 Rosinen
10 Butterkekse
2 g Butter

Crème:
40 ml Milch
1 EL Zucker
1 Prise Vanille
1 TL Kartoffelstärke
120 ml Schlagobers (Sahne)

ZUBEREITUNG

Apfel- und Zitronensaft, Rum, Zucker und Bourbon-Vanille kurz aufkochen, die Rosinen dazugeben und in der Flüssigkeit ziehen lassen. Aus dem Apfel mit einem entsprechenden Ausstecher kirschgroße Kugeln ausstechen, in die Flüssigkeit legen, kurz aufkochen und 15 Minuten ziehen lassen.
Die Butterkekse zerkleinern. In einer Pfanne Butter schmelzen und die Keksstückchen darin goldbraun anrösten. Danach abkühlen lassen und noch einmal grob zerkleinern.
Für die Crème alle Zutaten bis auf das Schlagobers in einem Topf unter ständigem Rühren kurz aufkochen und abkühlen lassen. Danach 20 ml Schlagobers untermischen und die Crème mit dem Handmixer fein pürieren. Restliches Schlagobers fest schlagen und mit der Crème vermischen. In einen Spritzsack füllen. Die Äpfel aus der Flüssigkeit nehmen und in den gerösteten Keksbröseln wälzen.
Eine ca. nussgroße Menge der Crème auf einem Teller platzieren, ein Apfel-Kügelchen und zwei Rosinen auf einen kleinen Holzspieß stecken und senkrecht in die Crème setzen.

Rotgipfler / Zierfandler Spätlese / Auslese

Holz und Erde | Apfel ist ideal zur Entspannung des Leber-Qi, besonders für Menschen, die rasch gereizt sind.

NATALIES

SCHOKO-INGWER-PRALINEN

ZUTATEN FÜR CA. 200 STÜCK

Kuchen:
60 g weiche Butter
140 g Zucker
1 Ei
110 g glattes Mehl
1 TL Backpulver
2 EL Kakaopulver
100 ml Milch

Sirup:
140 ml Wasser
160 g Zucker
100 g frischer Ingwer
1 Schuss Weißwein

Fertigstellung:
60 g dunkle Schokolade mit hohem Kakaoanteil
3 EL Rum
30 g weiße Kuvertüre
kandierter Ingwer (Fertigprodukt)

ZUBEREITUNG

Für die Kuchenmasse Butter, Zucker und Ei cremig rühren. Mehl und Backpulver hinzugeben.
Kakao in der Milch auflösen und zur Masse geben. Masse auf ein Kuchenblech streichen und im vorgeheizten Backofen bei 180 °C ca. 25 Minuten backen (jedenfalls so lange, bis an einem in den Kuchen gesteckten Holzspießchen kein Teig mehr haftet).
Für den Sirup Ingwer klein würfelig schneiden und gemeinsam mit Wasser und Zucker so lange kochen (ca. 10 Minuten), bis ein dünnflüssiger Sirup entsteht.

Fertigen Kuchen zerbröseln, Schokolade im Wasserbad schmelzen und mit dem Rum und dem warmen Sirup zu den Kuchenbröseln geben. Alles gut verkneten und bei Zimmertemperatur zu Bällchen von ca. 2–3 g formen, anschließend kalt stellen.
Weiße Kuvertüre im Wasserbad schmelzen, die Bällchen damit beträufeln und mit klein gewürfeltem kandierten Ingwer verzieren.

Reifer Rotwein

Erde und Metall | Süße entspannt und gibt Kraft. Der Ingwer verteilt mit seiner Schärfe die Kraft im gesamten Körper.

ALIS

SCHOKOKUCHEN

ZUTATEN FÜR 1 BLECHKUCHEN

10 Eier
140 g Zucker
200 g dunkle Schokolade mit hohem Kakaoanteil
90 ml Kokosmilch
200 g Butter

Glasur:
120 g Erdbeer- oder Mischfruchtkonfitüre
250 g dunkle Schokolade mit hohem Kakaoanteil
200 g Butter
100 ml Kirschlikör

ZUBEREITUNG

Eier trennen und das Eiweiß mit Zucker zu Schnee schlagen. Die Schokolade in der erwärmten Kokosmilch schmelzen lassen. Nun die Butter aufschlagen und nach und nach die Eigelbe unterrühren. Anschließend die lippenwarme Schokolade zur Buttermasse geben, einmal umrühren und den Eischnee vorsichtig unterheben. Ein Blech mit Backpapier belegen, den Teig gleichmäßig darauf verteilen und im vorgeheizten Ofen bei 150 °C (Heißluft) ca. 35 Minuten backen.
Den Kuchen auskühlen lassen, Kirschlikör darüberträufeln, anschließend mit Konfitüre bestreichen und etwas ruhen lassen. Nun die Schokolade mit der Butter im Wasserbad schmelzen. Gleichmäßig auf dem Kuchen verstreichen und völlig erkalten lassen. Danach in Würfel schneiden und servieren.

Ali Knapitsch, meiner Patisserie-Mentorin: Danke für all die süßen Dinge!

Roter Schilfwein

Erde | Diese süße Verführung lässt viel Feuchtigkeit entstehen. Kann müde machen.

BASICS

Die Mengenangaben reichen jeweils für ca. 4 Portionen eines Gerichts.

GEMÜSEFOND

Zutaten
1 Zwiebel
1 weißer Rettich
1 Lauchstange
1 Karotte (Möhre)
1 EL dunkles Sesamöl
1 EL dunkle Sojasauce
Salz, Pfeffer
1 l Wasser

Zubereitung
Gemüse putzen und in Wasser ca. 30 Minuten kochen. Mit Salz und Pfeffer abschmecken.

SPARGELFOND

Zutaten
Spargelabfälle
1 TL Butter
Saft einer Zitrone
1 Prise Zucker
Wasser

Zubereitung
Spargelabfälle mit den übrigen Zutaten in Wasser weich kochen, abseihen.

DASHI-SUPPE

Eine der wichtigsten japanischen Brühen, hergestellt aus Seetangblättern (Konbu) und Bonitoflocken. Sie ist wichtiger Bestandteil vieler Gerichte.

Zutaten
1 Blatt Konbu (15 cm) → S. 187
50 g getrocknete Bonitoflocken → S. 186
1 l Wasser

Zubereitung
Konbu mit einem feuchten Tuch beidseitig abwischen, danach mit kaltem Wasser aufstellen und zum Kochen bringen. Kurz vor dem Siedepunkt die Bonitoflocken dazugeben. Vom Herd nehmen, 30 Minuten ziehen lassen und anschließend abseihen.

.

THAIBASILIKUMPESTO

Zutaten
200 g frische Thaibasilikumblätter
2 cm frischer Ingwer → S. 186
1 Knoblauchzehe, gehackt
100 ml Sonnenblumenöl
je 1 Prise Salz und Palmzucker → S. 187

Zubereitung
Thaibasilikum waschen und trocken tupfen. Gemeinsam mit den übrigen Zutaten in einem Mörser zerstampfen und gut durchmischen. In ein Schraubglas füllen und kühl lagern. Hält ca. 2 Wochen.

KIM

KORIANDERPESTO

Zutaten
1 Bund Koriander
2 Knoblauchzehen
50 g gerösteter Sesam (Gomasio)
5 EL Sonnenblumenöl
3 EL dunkles Sesamöl
2 EL Parmesan, gerieben

Zubereitung
Koriander waschen, trocken tupfen, die Blätter abzupfen und klein schneiden. Knoblauch schälen und fein hacken. Koriander in ein höheres Gefäß geben. Knoblauch und Gomasio untermischen. Sonnenblumenöl und Sesamöl zugießen. Zum Schluss Parmesan dazugeben und nochmals durchmischen. Pesto in ein kleines Schraubglas füllen und im Kühlschrank aufbewahren. Hält ca. 2 Wochen.

ROSMARINPESTO

Zutaten
1 Bund Rosmarin
Sonnenblumenöl zum Frittieren
1 Knoblauchzehe
100 g Pinienkerne, trocken geröstet
4 EL Parmesan

Zubereitung
Rosmarin zupfen. In einer Pfanne Sonnenblumenöl erhitzen, Rosmarinnadeln darin knusprig frittieren (geht sehr schnell!). Durch ein Sieb gießen und abtropfen lassen. Öl auffangen und zum Erkalten beiseitestellen. Knoblauch schälen und fein hacken. Mit frittiertem Rosmarin, Pinienkernen und 1 Esslöffel erkaltetem Rosmarinöl vermischen. Zum Schluss Parmesan vorsichtig einrühren. Pesto in ein kleines Schraubglas füllen und im Kühlschrank aufbewahren. Hält ca. 2 Wochen.

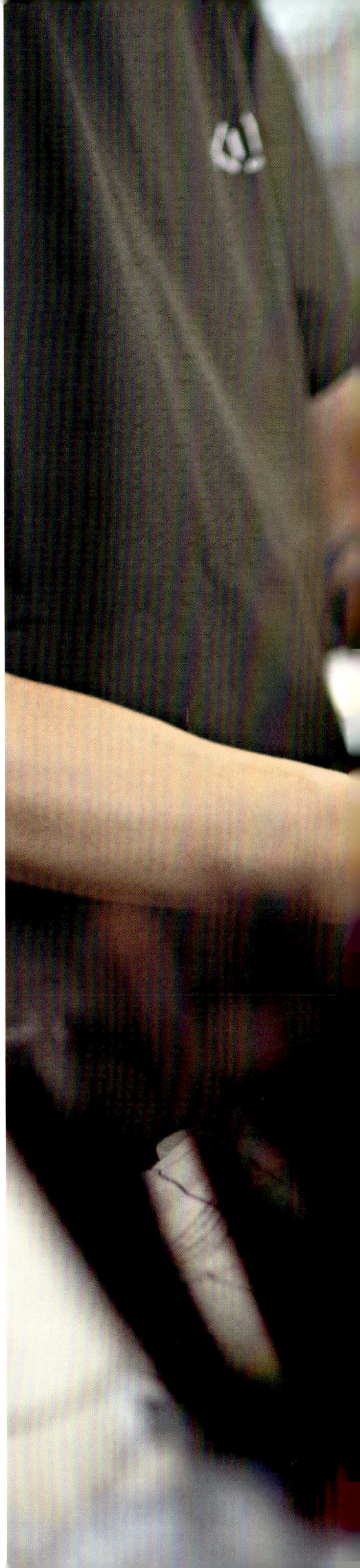

WOKGEWÜRZ

Zutaten
10 Knoblauchzehen, geschält und fein gehackt
20 cm frischer Ingwer, fein gehackt → S. 186
1 EL Pfeffer, grob gerieben
100 ml dunkles Sesamöl

Zubereitung
Alle Zutaten gut vermischen, in ein Schraubglas füllen und im Kühlschrank aufbewahren. Hält ca. 4 Wochen.

5-GEWÜRZE-MISCHUNG

Zutaten
1 EL Sternanis
1 EL Szechuanpfeffer
1/2 EL Zimt (am besten chinesischer Cassia-Zimt → S. 186)
1/4 EL Fenchelsamen
1/2 EL Gewürznelken

Zubereitung
Die Gewürze entweder im Ganzen mischen oder erst fein mahlen bzw. in einem Mörser zerstoßen. In einem Schraubglas kühl und trocken lagern.

BALI-GEWÜRZMISCHUNG

Zutaten
1 EL Koriandersamen, geröstet
1 EL Fenchelsamen
1 EL Szechuanpfeffer
1 TL Sternanis
2 EL Kurkuma
3 cm frischer Ingwer, gehackt → S. 186
3 Knoblauchzehen, gehackt
2 EL Zitronengras
Muskatnuss
2 EL getrocknete Garnelen, gerieben
2 frische Chilischoten

Zubereitung
Die Gewürze für die Bali-Mischung in einer Mühle grob reiben (alternativ eine Kaffeemühle oder einen Mörser verwenden). In ein Schraubglas füllen und kühl lagern. Hält ca. 1 Woche.

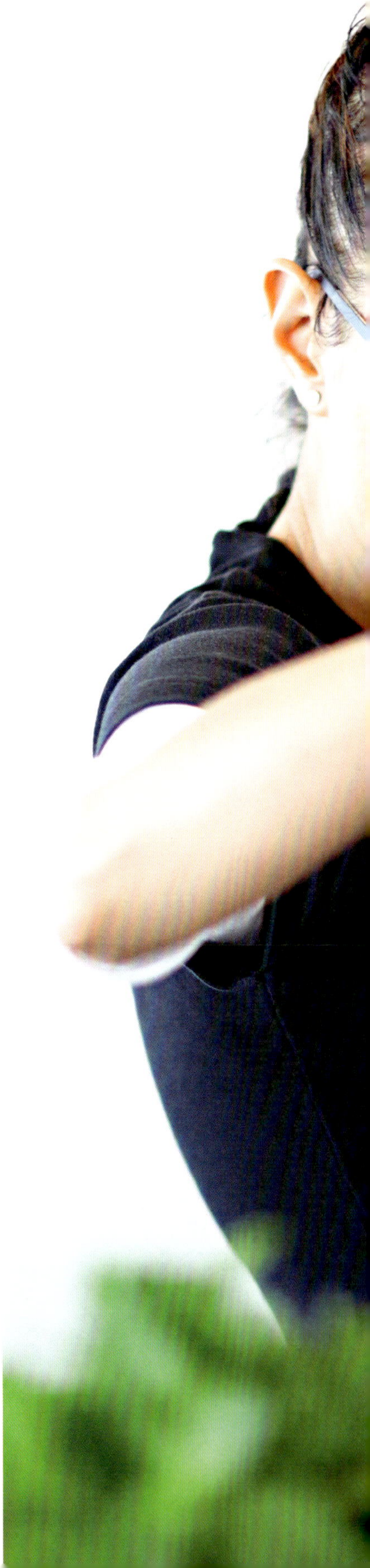

BULGOGISAUCE

Zutaten

1 Birne
1 Zwiebel, grob zerkleinert
2 Knoblauchzehen, geschält und grob zerkleinert
4 cm frischer Ingwer, grob zerkleinert → S. 186
1 EL Zucker
1/2 TL Pfeffer
250 ml Sojasauce
3 EL Sesamöl
60 ml Weißwein oder Reiswein
100 ml stilles Mineralwasser

Zubereitung

Birne entkernen und gemeinsam mit den übrigen Zutaten im Mixer pürieren. In einem Schraubglas im Kühlschrank aufbewahren. Hält ca. 6 Wochen.

XO-SAUCE

Zutaten

100 g getrocknete Jakobsmuscheln
4 EL dunkles Sesamöl
5 EL Sonnenblumenöl
2 Zwiebeln, fein gehackt
50 g Chorizo, klein würfelig geschnitten → S. 186
2 EL getrocknete Garnelen, geschrotet
3 frische Chilischoten, entkernt und klein geschnitten
4 Knoblauchzehen, fein gehackt
5 cm frischer Ingwer, fein gehackt → S. 186
je 2 rote und grüne Pfefferoni, klein geschnitten
1 EL Szechuanpfeffer, geschrotet
5 EL Fischsauce
2 EL Sojasauce

Zubereitung

Die getrockneten Jakobsmuscheln über Nacht einweichen. Wasser abgießen, das Muschelfleisch auseinanderzupfen und abtropfen lassen. Beide Öle in einer Pfanne erhitzen, Zwiebel darin anschwitzen, Chorizo hinzufügen und kross braten. Anschließend die Jakobsmuscheln und alle restlichen Zutaten beigeben. 20 Minuten köcheln lassen und dabei ständig umrühren, um ein Anbrennen zu verhindern. XO-Sauce in ein Schraubglas füllen, gut verschließen und kühl lagern. Hält ca. 1 Woche.

LIMETTEN-INGWER-SAUCE

Zutaten

3 cm frischer Ingwer, gehackt → S. 186
Saft von 3 Limetten
1/2 TL Salz
6 EL Gelierzucker
1 Chilischote, gehackt

Zubereitung

Alle Zutaten in einen Topf geben und kurz aufkochen. In ein Schraubglas füllen und im Kühlschrank aufbewahren. Hält ca. 4 Wochen.

PAPAYA-CHILI-SAUCE

Zutaten

2 EL Sonnenblumenöl
5 EL Zwiebel, geschnitten
1 Papaya, geschält und klein geschnitten
je 1 EL Knoblauch und Ingwer, gehackt
1 EL Palmzucker → S. 187
3 frische Chilischoten, gehackt
1/2 TL Tomatenmark
6 EL Apfelessig
300 ml Apfelsaft
3 EL Kartoffelstärke zum Binden

Zubereitung

In einer Pfanne Öl erhitzen und die gehackte Zwiebel darin glasig anlaufen lassen. Danach die Papaya beifügen und 2 Minuten dünsten. Alle restlichen Zutaten bis auf die Stärke dazugeben und weitere 5 Minuten leicht köcheln lassen. Zum Schluss Kartoffelstärke in wenig Wasser auflösen und die Sauce damit binden. In ein Schraubglas füllen und kühl lagern. Hält ca. 1 Woche.

ORANGEN-INGWER-SAUCE

Zutaten
1 l Orangensaft, frisch gepresst
1 EL Zucker
1 TL Salz
100 ml Sushi-Essig
5 cm frischer Ingwer, klein gehackt
→ S. 186

Zubereitung
Orangensaft zum Kochen bringen, auf 300 ml reduzieren, danach die restlichen Zutaten beifügen, kurz aufkochen lassen, anschließend kalt stellen. Hält im Kühlschrank 3 Wochen.

FEIGEN-SENF-SAUCE

Zutaten
2 frische Feigen
2 EL Senfkörner, eingeweicht
1 EL Zwiebel, geröstet
2 EL Sushi-Essig

Zubereitung
Alle Zutaten in einem Mixer grob pürieren. In ein Schraubglas füllen und in den Kühlschrank stellen. Hält ca. 3–4 Wochen.

ZAZANGSAUCE

Zutaten
2 Zwiebeln, klein gehackt
2 EL Grammeln (Grieben), klein gehackt
1 Karotte (Möhre), klein gewürfelt
1 Kartoffel, klein gewürfelt
1 Zucchini, klein gewürfelt
1 TL Zucker
1 EL dunkle Sojasauce
2 EL schwarze Bohnenpaste (aus dem Asia-Shop)
Sonnenblumenöl

Zubereitung
Pfanne heiß werden lassen, Sonnenblumenöl darin erhitzen, Zwiebeln anschwitzen und Zucker sowie Sojasauce dazugeben. Grammeln unterrühren, Gemüse beifügen und 1 Minute anrösten. Schwarze Bohnenpaste einrühren und 1 weitere Minute in der Pfanne garen.
In ein Schraubglas füllen, in den Kühlschrank stellen. Hält ca. 1 Woche.

WOKGEWÜRZ-ÖL

Zutaten
1 Knolle Knoblauch
10 cm frischer Ingwer → S. 186
1 EL schwarzer Pfeffer, grob geschrotet
6 EL dunkles Sesamöl
6 EL Sonnenblumenöl

Zubereitung
Knoblauch schälen und gemeinsam mit dem Ingwer im Mixer grob zerkleinern. Anschließend mit Pfeffer, Sesamöl und Sonnenblumenöl gut vermischen. In ein Schraubglas füllen und im Kühlschrank aufbewahren. Hält ca. 1–2 Wochen.

BÄRLAUCHÖL

Zutaten
frischer Bärlauch
Olivenöl

Zubereitung
Bärlauch im Olivenöl pürieren. In ein Schraubglas füllen und kühl lagern. Hält ca. 2 Wochen.

SCHARFES KOREANISCHES DRESSING

Zutaten
4 EL koreanische Chilipaste (Kim kocht „Shop & Studio")
2 EL dunkles Sesamöl
3 EL Sojasauce
4 EL Apfelessig
2 EL Sushi-Essig
2 EL Zucker
1 Knoblauchzehe, gehackt
1 cm frischer Ingwer, gehackt → S. 186

Zubereitung
Alle Zutaten gut vermischen, möglichst gleich verwenden.

KIM

ERDBEER KARDAMOM
ERDBEER PFEFFER

KLEINES GLOSSAR

Amarant: *Amaranthus*, Pflanze aus der Familie der Fuchsschwanzgewächse; die Samen des Rispenfuchsschwanzes werden in der Küche wie Getreide verwendet; Amarant ist glutenfrei

Berberitze: *Berberis vulgaris*, in Europa und Asien wild vorkommender Strauch mit ca. 1 cm großen roten Beeren, die in der Küche verwendbar sind; reich an Vitamin C, können das Immunsystem stärken

Bittergurke: auch Bittermelone (*Momordica charantia*); wird sowohl in der asiatischen Küche als auch in der Medizin verwendet; die Bitterstoffe wirken abführend und trocknend, daher sollte man nur geringe Mengen davon zu sich nehmen; gut für Diabetiker, da Bittergurke den Blutzuckerspiegel senkt

Bonito: kleine Thunfischart, die geräuchert und getrocknet und bei Verwendung in der Küche mit einem Hobel in Flocken abgehoben wird

Bottarga: gesalzener, gepresster und getrockneter Rogen von Großkopfmeeräsche, Meeräsche, aber auch Thun- oder Schwertfisch

Cassia-Zimt: *Cinnamomum cassia*, stammt aus China

Cedrizitrone: auch Cedrat oder Zitronatzitrone (*Citrus medica*), zeichnet sich durch eine sehr dicke essbare Schale und große Früchte aus; wirkt stark appetitanregend

Champagnerlinsen: rotbraune, feine, leicht mehlige Linsensorte aus der Champagne, kurze Kochzeit (ca. 20–30 Minuten)

Chorizo: spanische Paprikawurst

Daikonkresse: gekeimte Samen vom Daikonrettich (*Raphanus sativus var. longipinnatus*)

Drachenfrucht: Frucht eines Kakteengewächses; Drachenfrüchte gibt es mit weißem Fruchtfleisch und pinkfarbener Schale, mit rotem Fruchtfleisch und pinkfarbener Schale und mit weißem Fruchtfleisch und gelber Schale; Drachenfrüchte haben keinen Eigengeschmack, in Asien isst man sie mit Chili, Zucker und Salz

Fines de Claires: für einige Wochen in Klärbecken gereinigte französische Austern

Galgant: *Alpinia galanga*, auch Thai-Ingwer genannt, in Asia-Shops erhältlich; 2 cm entsprechen etwa 18 g

Hamachi: junge Exemplare des japanischen Gelbschwanzes (Buri)

Ingwer: Wurzel der Pflanze aus der Familie der Ingwergewächse; wird sowohl in der Küche als auch in der Medizin verwendet; ausgeprägter scharf-würziger Geschmack; 2 cm entsprechen ca. 15 g

Kaffir-Limettenblätter: *Citrus hystix*, gehört zur Familie der Rautengewächse; Blätter mit deutlichem Limetten-Aroma, in Asia-Shops erhältlich

Ketakaviar: goldgelber bis orangefarbiger Rogen vom Keta- oder Hundslachs

Kim kocht „Shop & Studio“: Hier gibt es alles fürs Selbstkochen zu Hause. Adresse: 1060 Wien, Naschmarkt, Stand 28 (www.kimkocht.at, shopstudio@kimkocht.at)

Kimchi: auch Gimchi, milchsauer eingelegter Chinakohlsalat aus Korea; als Fertigprodukt bei → Kim kocht „Shop & Studio“ erhältlich

Konbu: auch Kombu, essbarer Seetang, in getrockneten Blättern oder Flocken im Asia-Shop erhältlich

Mirin: süßer japanischer Reiswein ohne Alkohol
Mu-Err-Pilze: getrocknete chinesische Pilze; Mu-Err bedeutet auf Deutsch Ohr; in Asia-Shops erhältlich

Nashi-Birne: *Pyrus pyrifolia,* kugelförmige asiatische Birne, wegen ihrer Form und ihres Geschmacks auch Apfel-Birne genannt

Nori: vor allem für die japanische Küche wichtige Algenart, werden in Asia-Shops als getrocknete Blätter verkauft; wichtige Zutat für Maki-Rollen

Pak Choi: *Brassica rapa chinensis* Syn. *Brassica campestris chinensis*, auf Deutsch Senfkohl; aromatisches, aus Asien stammendes Blattgemüse mit dunklen Blättern und hellen Blattrippen (ähnlich dem Mangold)

Palmzucker: aus dem eingekochten Blutungssaft von Palmblütenständen hergestellter Zucker, weniger süß als Rübenzucker

Pankomehl: aus Weißbrot ohne Rinde hergestelltes koreanisches Paniermehl (Brösel); im Asia-Shop erhältlich

Quinoa: *Chenopodium quinoa,* auch Reismelde genannt, gehört zur Familie der Fuchsschwanzgewächse, sehr schmackhafter Ersatz für Getreide; glutenfrei

Sepia-Tinte: Farbstoff der Tintenfische

Shiso: auch Perilla (*Perilla frutescens*), Pflanzengattung aus der Familie der Lippenblütler mit zartem Minzegeschmack; wird als Tee getrunken, frisch als Salat gegessen oder eingelegt

Süßholzwurzel: als Lakritze bekannt; Wurzel der *Glycyrrhiza glabra*; findet sowohl in der Küche als auch in der Medizin Verwendung; wird zum Süßen von chinesischen Kräutertees verwendet

Tamarinde: Hülse/Schote des Tamarindenbaums (*Tamarindus indica*); Tamarinden werden in der Küche entweder ganz (eingelegt oder frisch) oder als Saft (mit Wasser eingekochtes Fruchtfleisch) verwendet

Tempeh: Fermentationsprodukt aus gekochten Sojabohnen, enthält sehr viel Eiweiß; als Fertigprodukt in Asia-Shops erhältlich

Wakame: Braunalge (*Undaria pinnatifida*) ist eine der wichtigsten asiatischen Speisealgen, wird für Salate und Suppen verwendet; in Asia-Shops erhältlich

REZEPTVERZEICHNIS

IMPRESSUM

Bibliografische Information der Deutschen Nationalbibliothek
Die Deutsche Nationalbibliothek verzeichnet diese Publikation in der Deutschen Nationalbibliografie; detaillierte bibliografische Daten sind im Internet über http://dnb.d-nb.de abrufbar.

1. Auflage

Fotografie und Bildbearbeitung: Thomas Schauer
Grafische Gestaltung: Fuhrer, Wien
Lektorat: Inge Fasan
Druck: Grasl Druck und Neue Medien, Bad Vöslau
Schrift: H&FJ Verlag
Papier: Hello Fat mat 170 g/m2

Besonderer Dank an Willi Balanjuk, Rainer Nowak, Eva Wolkenstein und alle langjährigen Stammgäste und Freunde

ISBN deutsch 978-3-85033-556-0

Christian Brandstätter Verlag
GmbH & Co KG
A-1080 Wien, Wickenburggasse 26
Telefon (+43-1) 512 15 43-0
Telefax (+43-1) 512 15 43-231
E-Mail: info@cbv.at
www.cbv.at

Designed and printed in Austria

木金土火水木金土火水木金土火水木金
土火水木金土火水木金土火水木金土火水
木金土火水木金土火水木金土火水木金土
金土火水木金土火水木金土火水木金土火
水木金土火水木金土火水木金土火水木金
土火水木金土火水木金土火水木金土火水
木金土火水木金土火水木金土火水木金土
金土火水木金土火水木金土火水木金土火
水木金土火水木金土火水木金土火水木金
土火水木金土火水木金土火水木金土火水
木金土火水木金土火水木金土火水木金土
金土火水木金土火水木金土火水木金土火
水木金土火水木金土火水木金土火水木金
土火水木金土火水木金土火水木金土火水
木金土火水木金土火水木金土火水木金土
金土火水木金土火水木金土火水木金土火
水木金土火水木金土火水木金土火水木金
土火水木金土火水木金土火水木金土火水
木金土火水木金土火水木金土火水木金土
金土火水木金土火水木金土火水木金土火
水木金土火水木金土火水木金土火水木金

金土火水木金土火水木金土火水木金土火
水木金土火水木金土火水木金土火水木金
土火水木金土火水木金土火水木金土火水
火水木金土火水木金土火水木金土火水木
金土火水木金土火水木金土火水木金土火
水木金土火水木金土火水木金土火水木金
土火水木金土火水木金土火水木金土火水
火水木金土火水木金土火水木金土火水木
金土火水木金土火水木金土火水木金土火
水木金土火水木金土火水木金土火水木金
土火水木金土火水木金土火水木金土火水
火水木金土火水木金土火水木金土火水木
金土火水木金土火水木金土火水木金土火
水木金土火水木金土火水木金土火水木金
土火水木金土火水木金土火水木金土火水
火水木金土火水木金土火水木金土火水木
金土火水木金土火水木金土火水木金土火
水木金土火水木金土火水木金土火水木金
土火水木金土火水木金土火水木金土火水
火水木金土火水木金土火水木金土火水木
金土火水木金土火水木金土火水木金土火